MW01109668

REYES
Y
REINAS

de España

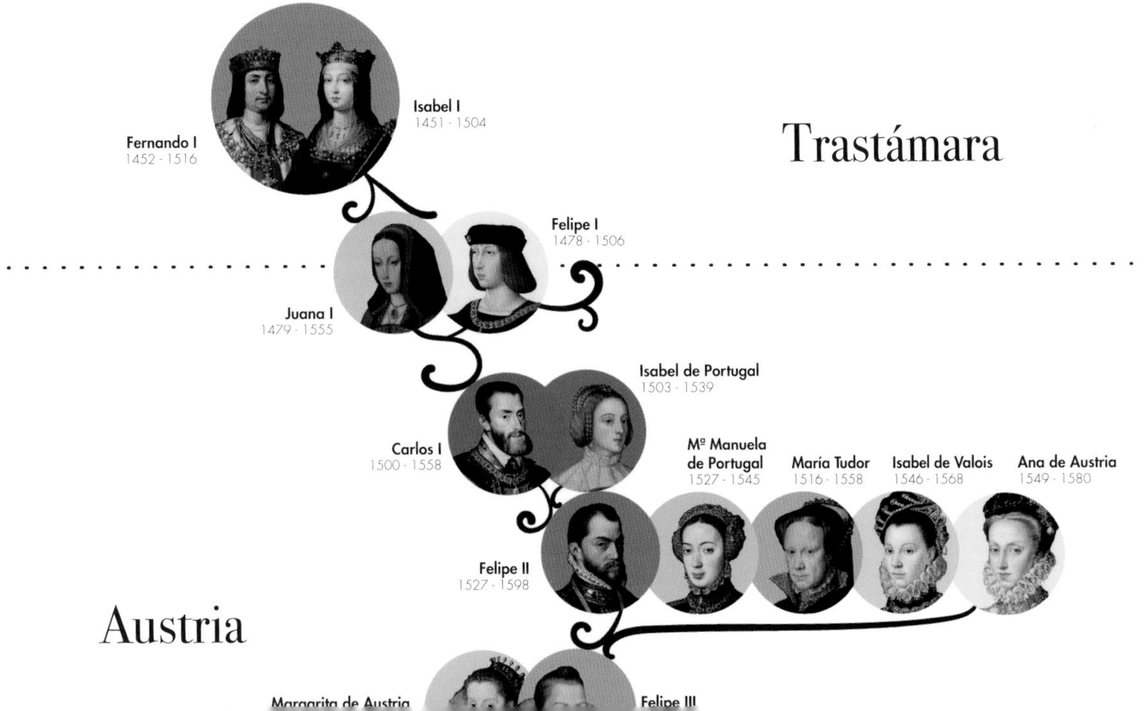

Trastámara

Austria

Fernando I
1452 - 1516

Isabel I
1451 - 1504

Felipe I
1478 - 1506

Juana I
1479 - 1555

Isabel de Portugal
1503 - 1539

Carlos I
1500 - 1558

Mª Manuela
de Portugal
1527 - 1545

María Tudor
1516 - 1558

Isabel de Valois
1546 - 1568

Ana de Austria
1549 - 1580

Felipe II
1527 - 1598

Margarita de Austria

Felipe III

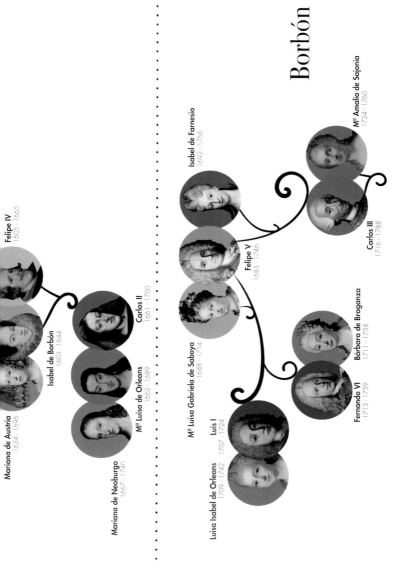

Borbón

Felipe IV
1605 - 1665

Mariana de Austria
1634 - 1696

Isabel de Borbón
1603 - 1644

Carlos II
1661 - 1700

Mariana de Neoburgo
1667 - 1740

Mª Luisa de Orleans
1662 - 1689

Isabel de Farnesio
1692 - 1766

Mª Amalia de Sajonia
1724 - 1760

Felipe V
1683 - 1746

Carlos III
1716 - 1788

Mª Luisa Gabriela de Saboya
1688 - 1714

Bárbara de Braganza
1711 - 1758

Luisa Isabel de Orleans
1709 - 1742

Luis I
1707 - 1724

Fernando VI
1713 - 1759

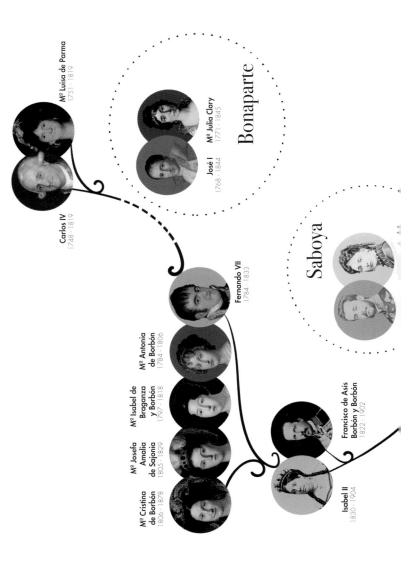

Mª Luisa de Parma
1751 - 1819

Carlos IV
1748 - 1819

Bonaparte

Mª Julia Clary
1771 - 1845

José I
1768 - 1844

Saboya

Fernando VII
1784 - 1833

Mª Antonia
de Borbón
1784 - 1806

Mª Isabel de
Braganza
y Borbón
1797 - 1818

Mª Josefa
Amalia
de Sajonia
1805 - 1829

Mª Cristina
de Borbón
1806 - 1878

Francisco de Asís
Borbón y Borbón
1822 - 1902

Isabel II
1830 - 1904

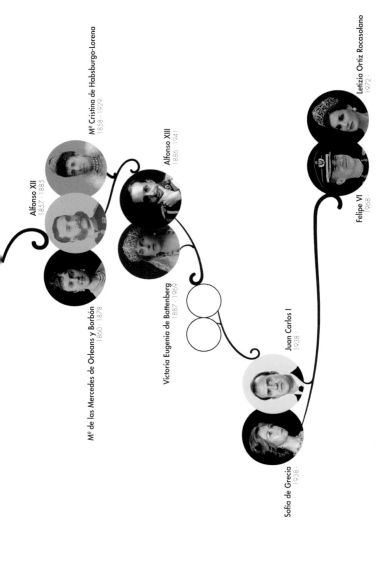

Alfonso XII
1857 - 1885

Mª de las Mercedes de Orleans y Borbón
1860 - 1878

Mª Cristina de Habsburgo-Lorena
1858 - 1929

Alfonso XIII
1886 - 1941

Victoria Eugenia de Battenberg
1887 - 1969

Juan Carlos I
1938 -

Sofía de Grecia
1938 -

Felipe VI
1968 -

Letizia Ortiz Rocasolano
1972 -

ÍNDICE

LOS PRIMEROS
PASOS DE LA
MONARQUÍA EN
ESPAÑA

SIGLOS VIII-XV

La monarquía hispánica hunde sus raíces en la situación creada en el Imperio romano de Occidente a comienzos del siglo V. La alianza de Roma con el pueblo visigodo alumbrará con el tiempo un reino peninsular que, a pesar de las dificultades, logrará dominar Hispania una vez superada la endémica división religiosa entre católicos y arrianos y consumado el abandono de las posiciones bizantinas que tales disputas habían posibilitado. El rey **Suintila** (siglo VII) será el que logre finalmente la ansiada unificación peninsular, aunque en menos de un siglo la imparable presencia musulmana volverá a convertir a Hispania en un territorio parcelado políticamente.

Con la llegada del Islam y la creación de al-Ándalus se inicia el largo período que la historiografía y algunos nostálgicos escritores de la Edad Media denominaron «Reconquista». Ochocientos años en los que, desde las legendarias gestas de **Don Pelayo** en las montañas de Asturias, irían produciéndose avances y retrocesos en la disputa de las tierras de la península ibérica entre los distintos reinos cristianos y el también fragmentado régimen musulmán.

Desde comienzos del siglo VIII, con la invasión musulmana de la península ibérica, se abrirá una nueva etapa que, dejando atrás los sueños de unificación territorial visigodos, marcará el devenir histórico de nuestro país a lo largo de toda la Edad Media. Un largo proceso caracterizado por el esfuerzo de los diferentes reinos cristianos que, desde Asturias, fueron poco a poco recuperando el espacio perdido frente al Islam, aunque, al menos de una forma consciente, no se perseguía la unificación política. Ni siquiera con el matrimonio de los Reyes Católicos, ya a finales del siglo XV, cabría admitir el deseo de crear una entidad política equivalente a lo que después será el Reino de España. El proyecto consistía únicamente en sumar fuerzas para desalojar definitivamente al poder islámico de la península y recuperar, por tanto, todos sus territorios para la cristiandad occidental.

Es así como la monarquía astur, a medida que vaya avanzando hacia el sur, se irá consolidando hasta llegar a su máximo apogeo con **Alfonso III** (866-910), quien traslada su residencia a León. Nace así una nueva entidad política que engloba los reinos de Asturias, Galicia y León, capaz de resistir mejor, no solo a las acometidas musulmanas, sino también a la pujanza de nuevos proyectos políticos cristianos como el reino de Pamplona, el condado de Aragón y los condados catalanes, todos ellos nacidos

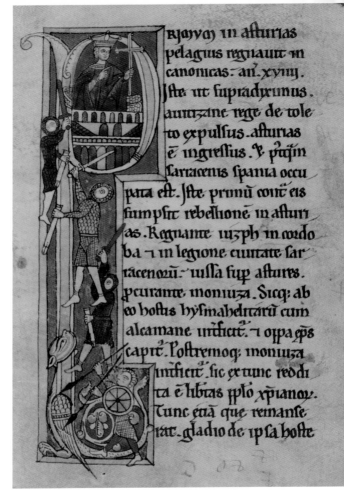

Riquoy in afturias pelagius regnauit in canonicas. an. xvinj. Iste ut supradixunus. Baunzane rege de tole to expulsus. afturias ē ingressus. Y pqin sartacenis spania occu pata est. Iste primū contr eis sumpsit rebellionē in asturi as. Regnante iuzph in cordo ba ʒ in legione ciuitate sar tacenozū. iussa sup astures. pcurante moniuza. Sicqʒ ab eo hostis hysmahelitarū cum alcamane uindicit. ʒ oipa eps capit. Postremoqʒ moniuza uindicit sic extunc reddi ta ē libias ipso xpianou. Tunc etiā que remanse rat. gladio de ipsa hoste

Don Pelayo portando la Cruz de la Victoria en la batalla de Covadonga. *Corpus pelagianum* (detalle), s. XII-XIII. Biblioteca Nacional de España, Madrid

como consecuencia de la política exterior del rey de los francos, Carlomagno, que había dispuesto convertir tales territorios en una Marca defensiva frente al Islam: la Marca Hispánica.

A comienzos del siglo X, por lo tanto, apreciamos una fragmentación política en la península que permitirá a los balbuceantes reinos cristianos soportar el empuje del nuevo régimen político creado en tierras andalusíes en el año 929: el Califato de Córdoba. Tendrán especial protagonismo los territorios más orientales del reino astur-leonés donde Castilla, impulsada por el conde Fernán González (931-970), alcanzará la categoría de reino a partir del año 1065, tras la división llevada a cabo por **Fernando I** de León entre sus hijos, correspondiendo Castilla a **Sancho II**, aunque ya con el título de rey. Navarra, por su parte, había alcanzado su mayor apogeo con **Sancho III** el Mayor (1004-1035), siendo su política matrimonial la responsable de marcar el destino de casi todos los reinos cristianos de la península desde entonces. El reino de Aragón tiene como primer monarca a uno de sus hijos, **Ramiro I**, cuyos descendientes lograrían poco después, mediante asociación con los condados catalanes, formar la Corona de Aragón bajo el cetro de **Alfonso II** (1164-1196).

A pesar de los intereses divergentes de los distintos reinos cristianos establecidos en la península, será su progreso frente al Islam el factor común y al mismo tiempo su diferencia. El liderazgo vendrá de la mano de aquellos que mejor sepan aprovechar la inestabilidad en al-Ándalus a partir del fracaso del califato. Castilla, en primer lugar, va eclipsando poco a poco al reino de León como este hiciera en su momento con el de Asturias. Del reino castellano-leonés pasaremos a la Corona de Castilla como principal impulsora del avance territorial hacia el sur.

Alfonso VI, con el dominio indiscutible de León, Castilla y Galicia, a lo que unía el título imperial asociado a la corona leonesa, era el rey cristiano más poderoso de la península. La conquista de Toledo en 1085 supuso el espaldarazo que Castilla necesitaba para erigirse en el reino más directamente implicado en la contención del Islam e incluso en su crecimiento a costa de este. Conviene recordar que la ocupación de Toledo vino acompañada por importantes anexiones en Valencia y Murcia, lo que dejó a las taifas musulmanas en una delicada situación que les llevó a pedir ayuda a los poderosos almorávides del norte de África.

A pesar del empuje almorávide y las reiteradas victorias sobre las tropas de Alfonso VI, la Corona de Castilla se había convertido en el eje vertebrador de las aspiraciones cristianas en suelo peninsular. Buena prueba de ello es que su hija y heredera, **Urraca**, pese a contraer matrimonio con el rey aragonés **Alfonso I** el Batallador, no permitiría en ningún momento que este le arrebatase el control sobre sus tierras. Por ello, aseguró la sucesión de su hijo **Alfonso VII**, concebido con Raimundo de Borgoña. Alfonso hubo de reclamar sus derechos al trono castellano enfrentándose directamente con el Batallador. Este contaba con importantes apoyos de la nobleza en virtud del pacto establecido con Urraca en el momento de contraer matrimonio, y a pesar de que este quedara anulado unos años antes de la muerte de la reina.

Alfonso VII sabrá aprovechar la inestabilidad sucesoria de Aragón y Navarra para obtener, si no sus tronos, sí al menos un cierto vasallaje de sus monarcas. Al mismo tiempo utilizó las divisiones creadas en la España musulmana entre los almorávides y los almohades, un nuevo grupo bereber que había puesto sus ojos en la península como marco de su expansión.

Aunque los reinos de León y de Castilla volvieron a separarse como resultado de las disposiciones testamentarias de Alfonso VII a favor de sus hijos Fernando II y Sancho III respectivamente, los hechos volvieron a demostrar la mayor fortaleza de los castellanos en su liderazgo peninsular. Y es que, aunque la minoría de edad de **Alfonso VIII**, hijo de Sancho III, supuso la pérdida de algunas plazas importantes para Castilla a favor de León y de Navarra, sus logros con el apoyo de la poderosa nobleza castellana le convirtieron en uno de los más poderosos monarcas de la cristiandad occidental. Su matrimonio con Leonor de Plantagenet, la hija del todopoderoso Enrique II de Inglaterra y de Leonor de Aquitania, le permitiría contar además con la ayuda de tropas ultrapirenaicas en el futuro, como en la celebrada victoria de las Navas de Tolosa en 1212 contra los almohades, que encumbraría para siempre a Castilla en el concierto internacional, además de hacer partícipes a los demás reinos cristianos de la península de semejante éxito.

Alfonso IX en León y Fernando III en Castilla, lograrán avanzar por Extremadura y el centro peninsular hasta alcanzar el valle del Guadalquivir, lo que favorecerá la primacía de los castellano-leoneses, particularmente a partir de la unión definitiva de los reinos en 1230. Con la conquista de Sevilla en 1248, el Islam quedaba relegado al reino nazarí de Granada y unos pocos núcleos menores que poco a poco irán pasando a manos castellanas o a convertirse, de hecho, en meros estados vasallos de los monarcas cristianos.

Ya en la segunda mitad del siglo XIII, Castilla aspirará a algo más que el liderazgo sobre los reinos cristianos de la península. **Alfonso X** el Sabio mostrará su pretensión a la Corona imperial alemana por su herencia Staufen. Pero mucho más importante que su fallido intento de hacerse con el trono imperial será su labor cultural y legislativa que, de alguna manera, proporcionará al conjunto de Occidente las herramientas necesarias para su despegue intelectual manifestado en el nacimiento y desarrollo de las Universidades.

Alfonso X, con corona y manto real, dicta el Libro de los Dados, 1283. Biblioteca del Real Monasterio de San Lorenzo de El Escorial, Madrid

Aragón y los condados catalanes, con Barcelona a la cabeza, tendrán desde su constitución una orientación y objetivos diferentes. La puesta en marcha de la Corona aragonesa permitirá, en un primer momento, ser más eficaces frente a los musulmanes en la zona del Ebro. **Alfonso I** el Batallador, casado durante un tiempo como ya vimos con Urraca de Castilla, lograría ocupar plazas tan importantes como Zaragoza, Tarazona o Calatayud. Al carecer de descendencia, el trono pasaría a su hermano **Ramiro II** el Monje, quien prefirió acordar el matrimonio de su hija Petronila con el conde de Barcelona Ramón Berenguer IV consolidando así la unión de Aragón y Cataluña. De ese modo veremos a las tropas del nuevo reino logrando victorias incontestables en Lérida, Tortosa y hasta en Almería, aunque en este último caso bajo las órdenes de Alfonso VII de Castilla.

Pero la Corona de Aragón contaba también con vínculos feudales más allá de los Pirineos por medio de los cuales dispondría de las fuerzas de los condados de Foix o de Provenza entre otros. Sin embargo, los problemas religiosos del sur de Francia, como consecuencia de la expansión de la herejía albigense, terminarían por enfrentar al rey aragonés **Pedro II** con el monarca francés, a cuyo término se concretaron con precisión y carácter definitivo los territorios de cada reino. Aragón renunciaba a sus posesiones ultrapirenaicas y el rey de Francia hacía lo propio con los condados catalanes.

Es precisamente en esos tiempos, bajo el reinado de **Jaime I**, cuando la Corona de Aragón conquista Baleares en 1229 y Valencia en 1233. Los intereses en el Mediterráneo se convierten en la piedra angular de la monarquía, especialmente a lo largo de los siglos XIV y XV, cuando disponen de enclaves propicios para un desarrollo comercial sin precedentes desde Nápoles y Sicilia hasta los confines del mundo cristiano, en territorios griegos, a través de los ducados de Atenas y Neopatria.

Ante el decidido impulso «reconquistador» de Castilla y Aragón, el reino de Navarra quedaría completamente ahogado entre ambos y sin papel alguno en el reparto del botín que fue surgiendo como consecuencia del avance territorial frente a los musulmanes. Con la muerte en 1234 de **Sancho VII**, partícipe junto al resto de los monarcas cristianos en las Navas de Tolosa, Navarra cedía su corona a los condes de Champagne, pasando así a vincularse con los reyes de Francia, de la que formará parte desde 1284 tras el matrimonio entre Juana y el heredero francés Felipe IV.

Castilla, a la que nadie negaba su hegemonía en la península, sufrió a la muerte de Alfonso X una crisis sucesoria protagonizada por **Sancho IV**, segundo hijo del rey, y los infantes de la Cerda, hijos del fallecido Fernando, heredero al trono. Aunque finalmente Sancho se hiciera con la corona, su prematura muerte dio paso al reinado de su hijo **Fernando IV**, aún menor de edad. El fallecimiento de éste también puso la corona en manos de un niño, **Alfonso XI**; por lo que sólo la determinación de María de Molina, madre y abuela de dichos reyes, logró frenar las aspiraciones de los nobles por recortar las prerrogativas regias. Finalmente, con la mayoría de edad de Alfonso XI, el poder real en Castilla queda consolidado fundamentalmente gracias a sus medidas legislativas (Ordenamiento de Alcalá) y, desde luego, al impulso que recibe entonces la Reconquista y que culmina con la batalla del Salado (1340).

Et Enrriqus secundus imper
unt annis quinq̃. Anno quar
to huius regni Alfonsi. Obijt
Philippus quintus rex fran
coꝛ. Et successit ei Ludouicus
decimus qui regnauit in fra
cia anno uno. Iste fuit tricesi
mus quintus rex francoꝛ
Anno sexto huius regis Alfo
si. Obijt Ludouicus rex fran
coꝛ et successit ei Philippus
sextus fr eius qui regnauit
in francia annis decem inoue
Iste fuit tricesimus sextus
rex francoꝛ. Et anno decimo
nono huius regni Alfonsi
obijt Philippus septimus.
Et successit ei Philippus octauꝰ
filius eius qui regnauit in
francia annis viginti zduobꝰ
Iste fuit tricesimus septimus
rex francoꝛ. Sederunt in se
de Burgensi tempore huius re
gis tres epi viceꝪ gundisaluus
secundus cognomento de finoio
sa. Et Garsias tertius cogno
mento de torres Et Johanes
quartus

Petrus filius Alfosi
cepit regnare anno
domini millesimo
trecentesimo quin
gesimo regni hispanie noninge
tesimo vicesimo octauo. Et ab
eius reparatione sexcentesimo
vicesimo. Et ab ultima unione
regnoꝛ centesimo vicesimo. Et
regnauit annis decem znouem.
Qui ex nobili maria de padilla
quam primo in concubinam z
habuerat. Et post obitum Bla
chie regine filie ducis bꝛ bartie.
Duxit in uxorem genuit Alfo
sum qui obijt in etate infantili
z Costanciam que nupsit Joani

duci alancastre: ex qua genu
Catherinam reginam castelle
Hic Petrus rex occidit frede
ricum magistrum sancti Jaco
bi ztrum z Diocacim fres
suos. Et Johanem infanten
aragonie. Et alios non pau
cos magnates znobiles uo
luisset autem occidere Enrri
quem frem suum. Bcontrari
tes euenit. Nam Enrriqus

MA
RIA

DEPADILLA CUNCUBINA — BLANCA·REGINA

COSTA CA DUQUE SA — IOANES DUX

CATERINA·P· — ENRICUS·REX

prudens z magnanimus prim
aufigit ab eodem. Occollecta po
tenti manu gallicoꝛ regnum
ingressus est z recolitis ad uo
multis potentibus znobilibꝰ
de castella qui petri ficta abh
trentes a Petro recesserunt z
rex intitulatus Et Petrus
secutus apud Montiel obse
dit. z um obsessus cum secre
to effugere putasset auisatu
de fuga eius Enrriqus ad
illum accessit. Et cum ambo
reges zfres. Sed capitali

Desde mediados del siglo XIV Europa se ve inmersa en lo que la historiografía denominó la Guerra de los Cien Años, un conflicto entre Francia e Inglaterra en el que se ven envueltos, de uno u otro modo, todos los reinos del continente. Castilla había entrado en una difícil coyuntura por la guerra civil que enfrentaba a dos hermanastros, **Pedro I** -llamado el Cruel o el Justiciero- y **Enrique II** de Trastámara. El rey de Francia, Carlos V, vio en ello la oportunidad de contar con la asistencia de la poderosa flota castellana apoyando al bando nobiliario que defendía las aspiraciones de Enrique II. La entrada de tropas francesas en la península obligó a Pedro I a aliarse con Inglaterra ofreciéndole el control del puerto de Vizcaya al Príncipe Negro (Eduardo, hijo del rey de Inglaterra) a cambio de su ayuda militar. La muerte del rey castellano a manos de su hermanastro en la Batalla del Montiel (1369) supuso el espaldarazo que Francia necesitaba en su enfrentamiento a Inglaterra, pues será recurrente desde entonces la presencia de la flota castellana prestando auxilio a los franceses.

Tras la llegada al trono de Castilla de **Juan I**, hijo de Enrique II Trastámara, la crisis dinástica en Portugal permitirá de nuevo el concurso de las tropas internacionales en la península: en este caso será Inglaterra la que se posicione a favor de Juan de Avís y en contra de las aspiraciones al trono luso por parte del castellano. La derrota de Aljubarrota pondrá fin al conflicto y sellará la independencia de Portugal y su duradera alianza con Inglaterra.

Miniatura que recrea, de forma simbólica, la lucha entre Pedro el Cruel y Enrique de Trastámara ante el castillo de Montiel. Alonso de Cartagena, *Liber genealogiae regum Hispanie*, p. 88 (detalle), entre 1501 y 1600. Biblioteca Nacional de España, Madrid

Las revueltas de los nobles castellanos contra el monarca y la temprana muerte de su hermano Alfonso favorecieron una guerra civil clave para la llegada al trono de **Isabel**, nombrada heredera y Princesa de Asturias, tras el pacto de los «Toros de Guisando» en 1468 en detrimento de Juana la Beltraneja, única hija del monarca castellano no reconocida como legítima por los nobles que la creían hija del valido de Enrique IV de Castilla, Beltrán de la Cueva. En 1469, y con tan solo 18 años de edad, Isabel contrajo matrimonio en Valladolid, con el entonces Príncipe de Gerona, **Fernando**. No fue del agrado del rey este enlace por lo que desheredó a Isabel y propició una guerra que acabó con la proclamación de Isabel como reina de Castilla en 1474 a la muerte de Enrique IV. Tras el fallecimiento de Juan II de Aragón, y la subida al trono de su hijo Fernando, este e Isabel reunieron en sus personas los reinos de Aragón y Castilla. A la muerte del rey Enrique IV, se proclama reina de Castilla en virtud del pacto de los «Toros de Guisando».

El siglo XV se abre en la península con el protagonismo del infante Fernando de Antequera, regente en Castilla de **Juan II** durante la minoría de edad de **Enrique III**, y designado rey de Aragón en 1412 tras las deliberaciones del célebre Compromiso de Caspe. El triunfo de un infante de Castilla en la lucha por la sucesión en Aragón supone el primer acercamiento real hacia la unidad de ambos reinos que, no obstante tardará aún un siglo en consumarse. Aunque muchas veces se haya presentado el reinado de los **Reyes Católicos** como el momento del logro de la unidad entre

Francisco Pradilla y Ortiz, *La rendición de Granada* (detalle), 1882. Palacio del Senado, Madrid

Castilla y Aragón, la realidad es muy distinta. Se trató más bien de una asociación en la que ninguno de los monarcas renunció a su soberanía particular. Solo con la confluencia dinástica en la persona de su hija **Juana** -apodada la Loca- podemos hablar de una cierta unidad que, en la práctica, sería puesta en marcha, no sin dificultades, por el hijo primogénito de esta, **Carlos I**, con quien se instala la Casa de Austria en el trono hispano.

CASA DE TRASTÁMARA

1366 · 1516

Fernando I
1452 - 1516

Isabel I
1451 - 1504

Juana I
1479 - 1555

Felipe I
1478 - 1506

Comienza con Enrique II de Castilla, hijo ilegítimo de Alfonso XI, que fue criado por Rodrigo Álvarez, conde de Trastámara, de quien heredó el título. Miembros de esta casa gobernaron en Castilla, Aragón y Navarra durante los siglos XIV al XVI. Su último titular fue Juana de Castilla, pues su hijo y heredero Carlos inaugurará la Casa de Austria.

Isabel I de Castilla

Madrigal de las Altas Torres (Ávila), 1451 - Medina del Campo (Valladolid), 1504

Primogénita de Juan II de Castilla e Isabel de Portugal, no era sin embargo heredera de la Corona, ya que con anterioridad el rey castellano estuvo casado con María de Aragón, padres ambos de Enrique IV, predecesor de Isabel en el trono castellano.

No fue fácil su acceso al trono. Una guerra civil tras su boda con Fernando, heredero de Aragón, enfrentó a los nobles que la apoyaban con los fieles al rey Enrique IV. A la muerte de este en 1474, Isabel fue proclamada reina de Castilla y cinco años después, su esposo lo fue como rey de Aragón. Se produjo así la unión dinástica de ambos reinos.

Sus objetivos como soberana se centraron en el restablecimiento de la autoridad real, el saneamiento de sus finanzas, el mantenimiento del orden interior en Castilla, la conquista de Granada y la reforma de la Iglesia con la introducción de la Inquisición. La llegada a América y el decreto de expulsión de los judíos, todo ello en 1492, son otros hitos importantes de su reinado. Sus últimos años vivió alejada de la política y entristecida por la temprana muerte de su hijo Juan, así como por las muestras de demencia de su hija Juana. Isabel la Católica, falleció en 1504 en Medina del Campo (Valladolid). Años después, tras la muerte de su esposo, Fernando, los restos de ambos fueron instalados en la Capilla Real de la catedral de Granada.

Luis de Madrazo y Kuntz, *Isabel la Católica* (detalle), ca. 1848. Museo Nacional del Prado, Madrid

Fernando II de Aragón

Sos (Zaragoza), 1452 - Madrigalejo (Cáceres), 1516

Hijo de Juan II de Aragón y de Juana Enríquez, se convirtió en heredero de la Corona de Aragón a la muerte de su hermano Carlos, en 1461, y recibió cuatro años después el trono de Sicilia. En 1469, contrajo matrimonio con Isabel, heredera de la Corona castellana, por lo que cuando esta subió al trono pasó a ser Fernando V, rey de Castilla, añadiendo cinco años después a este título el de soberano de Aragón, a la muerte de su padre. La unión entre las coronas de Castilla y Aragón, fue únicamente personal y no institucional, lo que no impidió la realización de empresas comunes como la conquista del reino nazarí de Granada y la unificación religiosa con el decreto de expulsión de los judíos, así como la aceleración de la conversión y asimilación de la población musulmana; acciones, que al igual que a su esposa, le valieron el sobrenombre de «el Católico». Como rey de Aragón obtuvo en 1493 la restitución de los condados del Rosellón y la Cerdaña, anexionándose el reino de Nápoles más tarde.

A la muerte de Isabel la Católica, actuó como regente en Castilla, pero no contó con el apoyo de la nobleza que le empujó a retirarse a sus estados de Aragón. Contrajo matrimonio en 1505 con Germana de Foix, que le dio un hijo, Juan, fallecido a los cuatro años de edad. Retornó en 1507 al gobierno de Castilla a raíz de la llamada del Cardenal Cisneros que reclamaba su autoridad a la muerte de Felipe I, el Hermoso, y ante la demencia de doña Juana. A su fallecimiento, sus restos mortales fueron trasladados junto a los de su primera esposa, Isabel, a la Capilla Real de la catedral de Granada.

Bernardino Montañés y Pérez, *Fernando el Católico* (detalle), ca. 1848. Museo Nacional del Prado, Madrid

Juana I de Castilla

Toledo, 1479 - Tordesillas (Valladolid), 1555

Segunda hija de los Reyes Católicos, se casó a los 17 años siguiendo los planes matrimoniales diseñados por sus padres. Su esposo, el archiduque de Austria, Felipe el Hermoso, era hijo del emperador de Alemania, Maximiliano I. Juana ocupó el trono hispánico tras la muerte de sus hermanos, Juan e Isabel, y Miguel, el hijo de esta última. Conocida como Juana, la Loca, su largo reinado fue más teórico que real ya que sus problemas mentales y continuas depresiones le impidieron ejercer su papel. Su salud se agravó tras la muerte de Felipe en 1506. Quedó viuda con solo 26 años y pasó a ser titular del gobierno de un reino cuyas tareas no podía asumir y que quedaron en manos primero de su padre, Fernando el Católico, y más tarde, del Cardenal Cisneros. Estuvo más de 40 años recluida en el Palacio-Convento de Tordesillas (Valladolid), donde falleció a los 76. Como mujer llevó una vida de soledad, alejada de los cinco hijos que había dejado en Flandes y burlada por las infidelidades de su marido. Como reina es difícil valorar su gestión, ya que tras la regencia de Cisneros fue su hijo quien tomó el mando efectivo, dejándole tan solo unos títulos vacíos de poder. Durante toda su vida mantuvo el título de reina y en teoría gobernó junto a su hijo Carlos I, que más tarde sería el emperador Carlos V.

Maestro de la Vida de San José, *Retrato de Doña Juana I de Castilla* (detalle), ca. 1501-1510. Museo de Escultura, Valladolid

Felipe I

Brujas, 1478 - Burgos, 1506

Esposo de Juana I

Primogénito del emperador Maximiliano de Austria, se casó en 1496 con Juana de Castilla, hija de los Reyes Católicos. Con ella viajó a Castilla a fin de que tomara posesión de la herencia de su madre. No fue muy popular al principio, pero pronto su ambición de poder atrajo a los nobles contrarios a doña Juana. La depresión en que estuvo sumida esta a causa de sus numerosas infidelidades conyugales favoreció sus intereses de tomar el poder directamente y fue proclamado rey de Castilla en las Cortes de Valladolid de 1506. Conocido con el sobrenombre de «el Hermoso», con 28 de edad, falleció al beber un vaso de agua fría después de un ejercicio físico violento. Lo súbito de su muerte provocó numerosas habladurías que ponían el foco de la atención en su suegro, el rey Fernando quien, tras muchas disputas con Felipe I, se había retirado a sus tierras de Aragón. Dejaba una viuda desconsolada y embarazada de nuevo, así como una situación política difícil, que la desesperación de Juana, vagando por los campos de Castilla con su ataúd, no hizo más que agravar. Como resultado de todo ello, Fernando el Católico, volvió a asumir el gobierno de Castilla mientras los restos mortales de Felipe I descansaron en el Monasterio de Santa Clara de Tordesillas (Valladolid), de tal forma que a través de una ventana Juana I pudiera contemplarlos.

Maestro de la Vida de San José, *Felipe I el Hermoso* (detalle), ca. 1500. Kunsthistorisches Museum de Viena

DE LOS TRASTÁMARA A LA CASA DE AUSTRIA

Los Reyes Católicos pertenecían a diferentes ramas de la familia Trastámara y tenían un ascendiente común: el rey castellano Enrique II, hijo de ilegítimo de Alfonso XI de Castilla, y primero de aquella nueva dinastía real.

Fruto del enlace de Isabel y Fernando, Juan de Aragón y Castilla, conocido también como Juan de Trastámara y Trastámara (1478-1497), fue el único hijo varón del matrimonio en llegar a la edad adulta. La compleja red diplomática que los Reyes Católicos diseñaron tenía como eje una especial política matrimonial para sus hijos que les llevó a emparentar con distintas monarquías europeas. Un pacto con el emperador Maximiliano de Habsburgo finalizó con un contrato que acordaba la doble boda de los hijos de los Reyes Católicos, Juan y Juana, y los del citado emperador, Felipe y Margarita. Así, en 1496 Juana de Castilla viajó a Flandes para contraer matrimonio con Felipe, llamado «el Hermoso», y un año después, Juan celebró en Burgos su enlace con Margarita.

Fue este un matrimonio breve a causa de la prematura muerte de Juan el mismo año de su boda. Ello, unido al fallecimiento de otros descendientes de los monarcas, como el pequeño Miguel, hijo de los reyes de Portugal, provocó un problema sucesorio en la corte de los Reyes Católicos. Todo ello empujó a Isabel de Castilla a nombrar como heredera a su hija Juana pese a desconfiar de su salud mental. Cuando en 1503 Isabel fallece, Juana es la virtual heredera de Castilla, y su esposo, Felipe, rey consorte. Su linaje Habsburgo se unirá al de la Corona de Castilla en la persona de su hijo Carlos, con quien el nombre de la dinastía se castellanizará y pasara a denominarse «Austria».

Lorenzo Vallés, *Demencia de doña Juana de Castilla* (detalle), 1866. Museo Nacional del Prado, Madrid

CASA DE AUSTRIA

1479 · 1504

Comienza con Carlos I, hijo de Felipe el Hermoso y Juana de Castilla, que heredará no solo las posesiones europeas de los Habsburgo por su lado paterno, sino también todos los territorios de las coronas de Castilla y Aragón, tanto peninsulares, como ultramarinos por herencia de su madre. Será la ausencia de descendencia directa del último Austria, Carlos II (1661-1700), la causa del fin de la dinastía y la llegada al trono de España desde Francia de una nueva: la Casa de Borbón.

Carlos I
1500 - 1558

Isabel de Portugal
1503 - 1539

Mª Manuela de Portugal
1527 - 1545

María Tudor
1516 - 1558

Isabel de Valois
1546 - 1568

Ana de Austria
1549 - 1580

Felipe II
1527 - 1598

Margarita de Austria
1584 - 1611

Felipe III
1578 - 1621

Mariana de Austria
1634 - 1696

Isabel de Borbón
1603 - 1644

Felipe IV
1605 - 1665

ana de Neoburgo
1667 - 1740

Mª Luisa de Orleans
1662 - 1689

Carlos II
1661 - 1700

Carlos I

Gante, 1500 - Yuste (Cáceres), 1558

Primer hijo varón de Juana I y de Felipe el Hermoso, no tuvo una vida familiar completa pues sus padres se trasladaron a España, y fue criado en Flandes por su tía paterna Margarita, que le inculcó el catolicismo humanista. Llegó a España con 17 años para hacerse cargo del reino a causa de la demencia de su madre, encontrándose con un panorama político convulso a causa de la resistencia de algunos nobles castellanos al gobierno de un monarca que consideraban extranjero. En 1520 es proclamado emperador del Sacro Imperio Romano Germánico con el nombre de Carlos V. Reunió una gran herencia sobre cuya base territorial se formará, más tarde, el reino y el imperio español, llegando a ser uno de los soberanos más poderosos del mundo. Su educación cristiana y el poder imperial le convirtieron en el gran defensor del catolicismo en Europa. De su boda con Isabel de Portugal tuvo cinco hijos, pero solo sobrevivieron cuatro, entre ellos su sucesor Felipe II. Tuvo también varios hijos ilegítimos, entre ellos Juan de Austria, héroe de la batalla de Lepanto. En 1556 abdicó en su hijo Felipe II y se retiró al monasterio de Yuste (Extremadura), donde falleció. Su deseo de unir y pacificar el continente le enfrentó a numerosos combates que sentaron las bases de la portentosa expansión hispana.

Juan Pantoja De La Cruz (atribuido), *Carlos V* (detalle), 1608. Patrimonio Nacional, Real Monasterio de San Lorenzo de El Escorial, Madrid

Isabel de Portugal

Lisboa, 1503 - Toledo, 1539

Esposa de Carlos I

Fue la segunda hija de los reyes de Portugal, don Manuel y doña María de Castilla. Contrajo matrimonio en 1526 con su primo Carlos I en 1506 en Sevilla, aunque fijaron su residencia en Granada. Debido a las continuas ausencias de su esposo, a causa de las necesidades políticas europeas, actuó como regente del reino gobernando con prudencia y acierto. Considerada una mujer de gran belleza por sus contemporáneos, prefirió utilizar el título de emperatriz al de reina, por respeto a su suegra doña Juana, que aún vivía recluida en Tordesillas, y a la que iba a visitar frecuentemente. Isabel falleció de sobreparto a los 36 años en el palacio de Fuensalida, en Toledo. Sus restos mortales se trasladaron para su entierro a la ciudad de Granada por el Duque de Gandía, el futuro San Francisco de Borja, aunque más tarde, fueron sepultados en El Escorial. Dejó a su esposo Carlos I sumido en una profunda depresión que le llevó a encerrarse en un monasterio toledano durante algún tiempo con la sola compañía de su confesor. Había tenido cinco hijos, aunque sólo sobrevivieron cuatro: el primogénito, Felipe, heredero del trono; María, esposa del emperador Maximiliano II; Juana, madre de Sebastián, rey de Portugal y el más pequeño, don Juan, que murió poco después de nacer.

Vecellio di Gregorio Tiziano, *La emperatriz Isabel de Portugal* (detalle), 1832 - 1837. Museo Nacional del Prado, Madrid

Felipe II

Valladolid, 1527- El Escorial (Madrid), 1598

Hijo primogénito de Carlos I e Isabel de Portugal, tuvo un largo reinado -42 años- en los que se vio envuelto en numerosas guerras con otros reinos europeos y con los turcos en el Mediterráneo. Tras la victoria sobre Francia en la batalla de San Quintín ordenó la construcción del Real Monasterio de San Lorenzo de El Escorial, considerado como la «octava maravilla del mundo» y lugar de enterramiento oficial de reyes y reinas de España. Trasladó la corte del reino desde Toledo a Madrid. Su obsesión por conseguir un heredero le hizo contraer matrimonio cuatro veces. La primera con su prima María Manuela de Portugal, madre del príncipe Carlos que falleció joven y en extrañas circunstancias. Su segunda boda fue por intereses diplomáticos y cuando aún era príncipe, con María Tudor, reina de Inglaterra, con quien tampoco tuvo descendencia. Celebró su tercer enlace con Isabel de Valois, y en 1570 contrajo matrimonio con Ana de Austria, que le dio cinco hijos, entre ellos Felipe III, el heredero. Falleció en 1598 en el Monasterio de El Escorial. Heredó un gran imperio que se extendía por Europa, África, América y Filipinas, del que se decía «que nunca se ponía el sol».

Antonio Moro, *Felipe II en la jornada de San Quintín* (detalle), 1560, Patrimonio Nacional. Real Monasterio de San Lorenzo de El Escorial, Madrid

María Manuela de Portugal

Coímbra, 1527 - Valladolid, 1545

1ª esposa de Felipe II

Su matrimonio, a los 16 años de edad, con Felipe II obligó a solicitar una dispensa papal, dado el cercano parentesco de los jóvenes contrayentes, pues Mª Manuela al igual que su esposo, era nieta de Felipe el Hermoso y Juana de Castilla. Los dos años de su vida en común los pasaron en Valladolid, ciudad en la que el emperador había instalado un Consejo de Regencia que gobernaba el reino en su ausencia. En 1545, y siendo solo una joven de 18 años, Mª Manuela fallecía a los cuatro días de dar a luz al infante Carlos de Austria. Sus restos mortales fueron trasladados varias veces, y su tumba se instaló primero en Valladolid, luego en Granada y 30 años después de su muerte fueron depositados definitivamente en el Monasterio de El Escorial. Nunca llegó a ostentar el título de reina, pues durante su matrimonio aún gobernaba Carlos I y su esposo Felipe detentaba solamente la categoría de príncipe.

Antonio Moro, *María de Portugal* (detalle), 1552, Patrimonio Nacional. Convento de las Descalzas Reales, Madrid

∞

María Tudor

Greenwich (Londres), 1516 - Londres, 1558

2ª esposa de Felipe II

Fruto del matrimonio de Enrique VIII de Inglaterra y Catalina de Aragón, hija de los Reyes Católicos, se casó en 1554 con Felipe II. Era
un matrimonio de Estado que obedecía a los intereses de ambos
reinos. Fue educada en la religión católica por su madre cuando
Enrique VIII implantaba el protestantismo en Inglaterra tras su enlace con Ana Bolena y la ruptura con la Santa Sede. La muerte de
su heredero, Eduardo VI, y el apoyo de Carlos V a la instauración
de una monarquía católica en el reino inglés, favorecieron un enlace que a todos beneficiaba. María Tudor no ostentó la dignidad
de reina de España, país que nunca visitó, pues su esposo solo
poseía el título de príncipe, pero su matrimonio sí permitió que
Felipe fuera rey consorte de Inglaterra e Irlanda. No tuvieron hijos
y la diferencia de edad (María era 10 años mayor que su esposo)
no ayudó al entendimiento entre ambos. Su muerte permitió la
llegada al trono de su hermanastra Isabel, que hizo retornar el
protestantismo a Inglaterra.

Antonio Moro, *María Tudor, reina de Inglaterra, segunda mujer de Felipe II* (detalle),
1554. Museo Nacional del Prado, Madrid

Isabel de Valois

Fontainebleau (París), 1546 - Aranjuez (Madrid), 1568

3ª esposa de Felipe II

Sus padres, los reyes de Francia, Enrique II y Catalina de Medici, concertaron su boda con el príncipe Carlos de Austria, hijo de Felipe II. La firma de pactos entre ambos reinos y la enfermedad del príncipe forzaron su matrimonio con Felipe II, quien antes iba a ser su suegro. El enlace se celebró por poderes y en París a donde viajó el Duque de Alba, delegado del novio en la ceremonia. Los 19 años de diferencia entre Felipe e Isabel fueron un problema al comienzo del matrimonio, pues, cuando llegó a España con 14 años, aún se entretenía con juegos infantiles, mostrándose ajena a la política y a la obsesión de su esposo por tener un hijo. Pero, no fueron solo estas las causas de la tristeza de su carácter, ya que educada en la alegre corte francesa, las rígidas costumbres de los Austrias españoles le disgustaban y era más feliz en el Alcázar de Madrid con las damas de su séquito que en Toledo, donde aún se encontraba la austera corte española. Falleció a los 22 años y fue la madre de las infantas Isabel Clara Eugenia y Catalina Micaela, ambas hijas predilectas del monarca.

Juan Pantoja de la Cruz, *La reina Isabel de Valois, tercera esposa de Felipe II* (detalle), ca. 1605. Museo Nacional del Prado, Madrid

∞

Ana de Austria

Cigales (Valladolid),1549 - Badajoz, 1580

4ª esposa de Felipe II

Fue la cuarta esposa de Felipe II y contrajeron matrimonio en 1570. Ambos eran primos y, como ocurrió con Isabel de Valois, estuvo antes prometida al príncipe Carlos, pero la muerte de este impidió el enlace. Doña Ana de Austria era archiduquesa y fue la primera que alcanzó el título de reina de España. Su entrada en Madrid tras la boda en Segovia fue fastuosa, y se celebraron numerosos festejos en su honor. Para uno de ellos se construyó en el Paseo del Prado un estanque de 190 metros de largo, flanqueado por un castillo, erigido en el lado conocido como Prado de San Jerónimo. Elegida por la fecundidad que habían demostrado las mujeres de su familia, tuvo cinco hijos, aunque solo uno llegó a la edad adulta. Su delicada salud tras el parto de su hija María, en 1580, se agravó con una gripe que la llevó a la muerte ese mismo año. Tenía solo 31 años, pero había dejado una profunda huella en la corte española por la serenidad de su carácter, su religiosidad y por haber sido la madre del futuro rey, Felipe III.

Alonso Sánchez Coello, *Ana de Austria* (detalle), 1571. Museo Lázaro Galdiano, Madrid

Felipe III
Madrid, 1578 - Madrid, 1621

Nació en Madrid en 1578. Llegó al trono a la muerte de su padre, con tan solo 20 años de edad y sin haberse interesado hasta entonces por las tareas de un imperio que se ampliaba día a día y que, desde 1581, contaba con el reino de Portugal y sus territorios. Su escaso carácter y dotes para la política le obligaron a dejar el mando efectivo del reino en manos de un privado o valido: el Duque de Lerma, lo cual aumentó la influencia de la nobleza en la política interior. Al comienzo de su mandato, la política exterior estuvo marcada por la firma de tratados de paz que dieron un respiro a la economía, pero las epidemias y la crisis económica, que también afectaban a otros reinos europeos, agravaron la situación española. Los últimos años de su reinado estuvieron marcados por la intervención de España en la Guerra de los Treinta Años. A pesar de la juventud con la que accedió al trono, su reinado, que duró casi un cuarto de siglo, fue el más breve de todos los Austrias españoles, ya que Felipe III moriría en 1621 en Madrid, ciudad a la que había trasladado definitivamente su Corte en 1606, tras un breve período de seis años en el que había fijado su residencia en Valladolid. Solo contrajo matrimonio una vez, en 1599 con su prima Margarita de Austria, con quien tuvo ocho hijos, entre ellos el futuro rey Felipe IV.

Juan Pantoja de la Cruz, *Felipe III de busto* (detalle), ca.1603. Patrimonio Nacional. Palacio Real de Madrid

∞

Margarita de Austria

Estiria, 1584 - El Escorial (Madrid), 1611

Esposa de Felipe III

Undécima hija del matrimonio de Archiduque Carlos de Austria-Estiria y de María de Baviera, se casó en Valencia a los 16 años de edad con Felipe III, uniendo desde entonces el título de archiduquesa de Austria, que poseía por nacimiento, al de reina de España. Como en otros matrimonios reales había también entre ellos lazos de consanguinidad, ya que ambos eran bisnietos de Juana I de Castilla. De agradable carácter, destacaba por su piedad religiosa y su afán de ayudar a los más necesitados a través de sus fundaciones, que contaban también con el apoyo su esposo. Una de ellas es el Monasterio de la Encarnación, de monjas agustinas, situado cerca del Alcázar madrileño, pues, según pensaba la reina, su cercanía al palacio haría nacer vocaciones religiosas entre las damas de su servicio. Tuvo ocho hijos, entre ellos el futuro rey de España, Felipe IV. Durante los últimos meses de su vida se interesó vivamente por la política del reino, y esta fue, según algunos, la razón de su fallecimiento. Oficialmente murió de sobreparto en 1611, pero los rumores hablaban de una muerte por envenenamiento orquestada por el valido del rey, el duque de Lerma, temeroso del papel político que estaba jugando la reina.

Bartolomé González, *La reina doña Margarita de Austria* (detalle), 1609. Museo Nacional del Prado, Madrid

Felipe IV
Valladolid, 1605 - Madrid, 1665

Nació en Valladolid en 1606, último año en el que la Corte permaneció en esta ciudad antes de trasladarse definitivamente a Madrid. Siguiendo la política matrimonial de la época, se casó a los diez años de edad y seis después subía al trono. Al igual que su padre no sentía atracción por las tareas de gobierno que fueron asumidas por un valido: el Conde Duque de Olivares. Obsesionado por mantener íntegro el imperio que había heredado y de imponer la hegemonía española en Europa, no dudó en participar en numerosos conflictos bélicos. Sin embargo, las repetidas derrotas que sufrió en estos años el ejército español facilitaron la pérdida de grandes territorios y agotaron las arcas del Estado hasta el punto que durante su gobierno el reino sufrió varias bancarrotas. La debilidad a la que se había llegado fue visible tras la firma de las paces de Westfalia (1648) y de los Pirineos (1659). Contrajo matrimonio dos veces, la primera con Isabel de Borbón, de quien nació el príncipe Baltasar Carlos, que falleció a los 14 años de edad. De su segunda esposa y además sobrina, Mariana de Austria, nacieron el futuro rey Carlos II y la infanta Margarita, inmortalizada por Velázquez en «Las meninas». Aficionado al arte, la literatura y el teatro, ha pasado a la historia por ser un gran mecenas para los artistas de su tiempo.

Diego Velázquez, *Felipe IV de castaño y plata* (detalle), 1635. National Gallery, Londres

∞

Isabel de Borbón

Fontainebleau (París), 1603 - Madrid, 1644

1ª esposa de Felipe IV

Hija de Enrique IV, rey de Francia y María de Medici, contrajo matrimonio muy joven siguiendo lo pactado entre sus padres y la corte española. La ceremonia, que tuvo lugar en Burgos, no era extraña para la época, aunque los contrayentes eran unos niños: Isabel de Borbón contaba 12 años de edad, y su esposo, el futuro Felipe IV, tan solo 9. Mujer de gran religiosidad, fomentó la fundación de instituciones religiosas, aunque también se interesó por el gobierno del reino. Su intervención en la política española fue relevante ya que se enfrentó con valentía al valido del rey, el conde-duque de Olivares, logrando que cayera en desgracia. Durante los veinticuatro años que duró su matrimonio, demostró gran paciencia ante las continuas infidelidades de su marido, con el que tuvo siete hijos de los cuales solo llegó a la edad adulta la infanta Mª Teresa, esposa de Luis XIV, rey de Francia.

Rodrigo de Villandrando, *Isabel de Borbón, esposa de Felipe IV* (detalle), ca. 1620. Museo Nacional del Prado, Madrid

∞

Mariana de Austria

Viena, 1634 - Madrid, 1696

2ª esposa de Felipe IV

En 1649 se convirtió en la segunda esposa de su tío, Felipe IV. Fue este también un matrimonio muy desigual por razones de Estado, pues ella tenía 15 años y su esposo 43. Tuvieron cinco hijos, entre ellos al Infante Carlos, menor de edad a la muerte de su padre por lo que Mariana de Austria ejerció como regente hasta que aquel cumplió los 14 años. Esta circunstancia le permitió desarrollar una importante labor política, que la distingue de otras reinas que le precedieron. Influyó profundamente en el débil carácter de su hijo Carlos y se rodeó de consejeros de gran personalidad, lo cual provocó enfrentamientos con la nobleza dirigida por Juan José de Austria, hijo natural de Felipe IV, que encerró a la reina en el Alcázar de Toledo, y se convirtió en el nuevo consejero de Carlos II a su mayoría de edad. Liberada en 1679, a la muerte de su enemigo político, volvió a ganarse la confianza de su hijo, al que siguió asesorando hasta su muerte en Madrid, víctima de un cáncer a los 62 años de edad.

Diego Velázquez, *La reina doña Mariana de Austria* (detalle), 1652 - 1653. Museo Nacional del Prado, Madrid

Carlos II
Madrid, 1661 - Madrid, 1700

Débil y enfermizo, llegó al trono en 1665 a la muerte de su padre y con tan solo cuatro años de edad. Para afrontar la pesada carga que la herencia territorial de los Austrias españoles suponía, hubo de establecerse una regencia, asumida por su madre Mariana de Austria, hasta su mayoría de edad. Con Carlos II prosiguió la decadencia del imperio español y la pobreza de su población. El reino no podía soportar las innumerables deudas contraídas por las guerras en el exterior, mientras en el interior los nobles adquirían más poder frente a un monarca con evidentes muestras de locura. Ha pasado a la historia con el sobrenombre de «el Hechizado» por su obsesión de haber recibido un maleficio que le impedía tener descendencia. Su débil carácter y problemas de salud le obligaron a estar en manos de médicos y consejeros que forzaron sus dos matrimonios. No tuvo hijos ni con María Luisa de Orleans ni con Mariana de Neoburgo por lo que se planteó un grave problema sucesorio. Dejó en su testamento como here-dero a Felipe de Anjou, nieto del rey francés Luis XIV y bisnieto del español Felipe IV, con el que se produce el fin de la Casa de Austria y la llegada de la Casa de Borbón a España.

Juan Carreño de Miranda, *Retrato de Carlos II* (detalle), ca. 1681. Museo Lázaro Galdiano, Madrid

∞

María Luisa de Orleans

París, 1662 - Madrid, 1689

1ª esposa de Carlos II

Hija de don Felipe, duque de Orleans y de la princesa Enriqueta de Inglaterra, se casó con Carlos II en 1679 en Burgos, y un año después se trasladaron a Madrid. Pronto María Luisa comprendió la dura vida que le esperaba pues, además de la rigidez de las costumbres de la corte española y del protocolo, la mantenían siempre vigilada. No le estaba permitido salir del palacio sin permiso y era una prisionera entre unas damas de compañía que ella no había elegido. Su suegra, la reina-madre doña Mariana de Austria, y los altos nobles de la corte solo esperaban de ella que diera un heredero al rey, pero los problemas mentales y físicos de su esposo eran considerables. Los médicos de la corte recetaron a María Luisa grandes cantidades de brebajes para lograr su embarazo, pero solo consiguieron que cayera enferma y se hablara de un envenenamiento inspirado por su suegra. Una apendicitis mal tratada fue en realidad la causa de su fallecimiento a los 26 años de edad y sin haber dado un hijo a Carlos II.

José García Hidalgo, *María Luisa de Orleans, reina de España* (detalle), ca. 1679. Museo Nacional del Prado, Madrid

∞

Mariana de Neoburgo

Düsseldorf, 1667 - Guadalajara, 1740

2ª esposa de Carlos II

Hija del duque de Neoburgo fue elegida como esposa de Carlos II por la fertilidad que habían demostrado las mujeres de su familia y con la esperanza de que diera un heredero al débil rey español. Al contrario que su predecesora en el cargo, Mariana tenía un carácter fuerte y dominador y se rodeó de cerca de un millar de criados que solo estaban a su servicio. La altivez de sus formas y los grandes gastos que generaba le hicieron ganarse la antipatía de la corte. Al ver la imposibilidad de tener un hijo por la debilidad de su esposo, centró sus energías en la política europea a fin de buscar un candidato al trono español que fuera de su agrado. La decisión de Carlos II de nombrar a Felipe de Anjou como su heredero desbarató sus planes y hubo de retirarse a Toledo y Bayona, regresando a Madrid en 1706, estando ya Felipe V en el trono. Cuando falleció había estado viuda durante casi 40 años, de un esposo con el que solo convivió diez.

Claudio Coello, *Mariana de Neoburgo* (detalle), 1690 - 1691. Patrimonio Nacional, Real Monasterio de San Lorenzo de El Escorial, Madrid

LA GUERRA DE SUCESIÓN

1701-1713

Durante la Guerra de Sucesión Española se enfrentaron los defensores de Felipe de Borbón con los del archiduque Carlos de Austria por el trono español. Ambos contendientes argumentaron su derecho a la corona tras la muerte sin sucesión directa de Carlos II.

Felipe de Borbón, fruto del matrimonio entre el delfín Luís (hijo de Luis de Francia) y María Ana de Baviera, era nieto de María Teresa de Austria, hermana del monarca hispánico Carlos II que en su testamento lo nombró como heredero. El archiduque Carlos, por su parte, era el segundo hijo del emperador Leopoldo I y bisnieto del rey español Felipe III.

En noviembre de 1701, Felipe es proclamado rey de Castilla y Aragón, aceptando así legado de los Austrias españoles. Comienza entonces una guerra entre Castilla y la Francia de Luis XIV, por un lado, y Austria y la Alianza de La Haya (Inglaterra, Holanda, Dinamarca, Prusia y otros principados alemanes), por otro. La guerra fue larga y afectó a las grandes monarquías europeas con altibajos, retrocesos y avances entre ambos bandos, aunque lógicamente influyó en mayor medida a la península ibérica convirtiéndose en algunos momentos en una guerra civil, ya que los territorios de la Corona de Aragón se declararon partidarios del Archiduque Carlos mientras que Castilla apoyaba a Felipe de Borbón. En 1713 la contienda terminaba gracias a la firma del Tratado de Utrech y comenzaba en España el gobierno efectivo de Felipe V, pero con grandes cambios en la política interior. A raíz de la promulgación del Decreto de Nueva Planta en 1716, se suprimieron los privilegios forales de Cataluña, Mallorca, Valencia y Aragón. El fin de la guerra tuvo también un alto coste para el imperio español que habría de entregar a Austria las posesiones de Nápoles, Cerdeña, Toscana, el Milanesado y Flandes al tiempo que cedía a Inglaterra, la plaza de Gibraltar y la isla de Menorca.

Buonaventura Ligli y Filippo Pallotta, *La Batalla de Almansa* (detalle), 1709. Museo Nacional del Prado, Madrid

Luisa Isabel de Orleans
1709 - 1742

Luis I
1707 - 1724

Bárbara de Braganza
1711 - 1758

Fernando VI
1713 - 1759

CASA DE
BORBÓN

1713 · 1808

Mª Luisa Gabriela de Saboya
1688 - 1714

Isabel de Farnesio
1692 - 1766

Felipe V
1683 - 1746

Carlos III
1716 - 1788

Mª Amalia de Sajonia
1724 - 1760

1748 - 1819
Carlos IV

1751 - 1819
Mª Luisa de Parma

Se inicia en España con Felipe V, miembro de esta dinastía francesa fundada en el siglo XIII y cuyo nombre procede del castillo de Bourbon en Auvernia. Desde entonces ha ocupado el trono español con once monarcas, aunque su historia no ha sido lineal, pues durante la Guerra de la Independencia gobernó temporalmente la Casa Bonaparte, y tras la Revolución de 1868 y la expulsión de Isabel II, lo hizo la Casa de Saboya hasta la Restauración borbónica en 1874.

Felipe V

Versalles (París), 1683 - Madrid, 1746

Con su victoria en la Guerra de Sucesión, pudo iniciar un largo reinado que se extendió durante casi toda la primera mitad del siglo XVIII, con la excepción del breve paréntesis que supuso la subida al trono de su hijo Luis I, en quien abdicó en 1724, aunque a su muerte hubo de tomar otra vez el gobierno del reino. Con Felipe V entraron las costumbres francesas en la corte española, muy austera hasta entonces, ya que se seguía el estilo impuesto por los Austrias. Impulsó importantes reformas políticas entre las que destacan la restauración de la Hacienda pública, la protección de la burguesía y la centralización administrativa que reafirmó la autoridad del rey. En el plano cultural creó una política de fomento de la investigación con la creación de la Librería Real, germen de la Biblioteca Nacional y de la Real Academia Española.

Se casó dos veces, primero con María Luisa Gabriela de Saboya (madre de Luis I y Fernando VI, futuros reyes de España), y después con Isabel de Farnesio con quien tuvo siete hijos, entre ellos Carlos III, que también llegaría a ser rey. Finalmente, en julio de 1746 un ataque de apoplejía acabó con su vida.

Jean Ranc, *Felipe V de España* (detalle), ca. 1723. Real Academia de Bellas Artes de San Fernando, Madrid

María Luisa Gabriela de Saboya

Turín, 1688 - Madrid, 1714

1ª esposa de Felipe V

Hija del Duque de Saboya, contrajo matrimonio con Felipe V por poderes en 1701 en Turín, cuando solo tenía 13 años. En política, organizó la defensa de Madrid cuando, en 1706, fue atacada por las tropas del archiduque Carlos de Austria en plena Guerra de Sucesión, al tiempo que organizaba junto a su camarera mayor, la princesa de los Ursinos, un partido «felipista» que apoyara la continuidad de su esposo en el trono de España. En 1714 falleció a causa de una tuberculosis, a pesar de los cuidados del famoso médico Helvecius. Tenía tan solo 26 años de edad y había dado cuatro hijos al rey, de los cuales dos serían reyes de España: Luis, que murió joven, aunque por unos meses ocupó el trono tras la abdicación de su padre, y Fernando, que reinaría a la muerte de Felipe V.

Miguel Jacinto Meléndez, *María Luisa Gabriela de Saboya* (detalle), ca. 1712.
Museo Lázaro Galdiano, Madrid

∞

Isabel de Farnesio

Parma, 1692 - Aranjuez (Madrid), 1766

2ª esposa de Felipe V

En 1714 contrajo matrimonio en Guadalajara con Felipe V. Su carácter resuelto le sirvió para hacerse un lugar importante en la corte española donde era popular la expresión: «El rey mandaba en España y la reina mandaba en el rey». Consiguió apartar de la corte a la princesa de los Ursinos, mujer de gran influencia en vida de la primera mujer de Felipe V. Estuvo junto a su esposo cuando, cansado y medio loco al final de sus días, creía que pretendían envenenarle. Luchó políticamente por la herencia de sus hijos que acabaron emparentando con la realeza europea, pero con ello entorpeció la labor del heredero al trono español, el futuro Fernando VI, que frenó sus intrigas desterrándola al Palacio de la Granja de San Ildefonso (Segovia). Volvió a Madrid en 1759 para ocupar la regencia durante unos meses y en nombre de su hijo Carlos III, que hasta entonces reinaba en Nápoles.

Giovanni Maria delle Piane, *Retrato de Isabel de Farnesio, Reina consorte de España* (detalle), ca. 1715. Palacio Real de Caserta

Luis I

Madrid, 1707 - Madrid, 1724

Debió de tener una infancia triste, causada por la temprana muerte de su madre y la rígida educación de su madrastra, Isabel de Farnesio, y de su aya, la princesa de los Ursinos. En 1724 fue coronado como rey de España tras la abdicación de su padre, Felipe V. Tenía 16 años y ya estaba casado con Luisa Isabel de Orleans, matrimonio que sus padres habían concertado para ratificar la alianza franco-española. A causa de su juventud e inexperiencia se rodeó de un gran número de consejeros y de un gabinete de tutores compuesto por siete miembros de la alta nobleza y el clero. Su política exterior fue continuista y siguió las directrices de amistad con Francia e Italia impuestas por Isabel de Farnesio desde su matrimonio con Felipe V. Aunque también estuvo preocupado por las posesiones españolas en América, fue poca la atención que dedicó a estos territorios imperiales ya que Luis I ostenta el triste récord de haber sido el monarca que más escaso tiempo ocupó el trono: unas viruelas le provocaron la muerte a los siete meses de haber sido coronado. Su fallecimiento sin hijos obligó a su padre, Felipe V, a tomar nuevamente el poder y abandonar su retiro en el lujoso palacio de la Granja de San Ildefonso.

Jean Ranc, *Luis I, rey de España* (detalle), 1724. Museo Nacional del Prado, Madrid

Luisa Isabel de Orleans

Versalles (París), 1709 - París, 1742

Esposa de Luis I

Hija del Duque de Orleans y de María Francisca de Borbón, hija ilegítima de Luis XIV de Francia, era conocida como Mademoiselle de Montpensier y, ya en edad adulta, bautizada como Luisa Isabel de Orleans. Se casó en 1722 con el futuro rey Luis I, tras una alianza entre Francia y España. Las desavenencias entre la joven pareja eran conocidas en la corte, donde también se rumoreaba que la reina se paseaba sin ropa por los jardines de palacio. Estas noticias forzaron a Felipe V, ya retirado del poder, a encerrar a la joven en el Alcázar de Madrid durante seis días. Su carácter, sin embargo, no debió ser tan atolondrado cuando se ocupó personalmente de los cuidados de su esposo, víctima de unas viruelas, arriesgando con ello su salud. Tras la muerte de Luis I, con quien no tuvo hijos, viajó a París e ingresó en un convento que abandonó en 1733 para residir en el palacio parisino de Luxemburgo, donde murió con 33 años.

Jean Ranc, *Luisa Isabel de Orléans, reina de España* (detalle), 1724. Museo Nacional del Prado, Madrid

Fernando VI

Madrid, 1713 - Villaviciosa de Odón (Madrid), 1759

Llegó al trono español con 33 años, tras la muerte de su padre Felipe V. Su reinado está marcado por la neutralidad en los conflictos europeos (Guerra de los Siete Años), las reformas fiscales y el impulso de la cultura. En su residencia del Palacio de Aranjuez (Madrid) se organizaban fiestas y conciertos cortesanos, al tiempo que se facilitaba la entrada de las ideas de la Ilustración. Fundó la Academia de Bellas Artes de San Fernando y el Observatorio Astronómico de Madrid. Estuvo casado durante casi 30 años con Bárbara de Braganza, pero no tuvieron descendencia; por ello le sucedió su hermanastro Carlos. El fallecimiento de la reina en 1758 le sumió en un estado de melancolía y más tarde de locura, que obligaron a recluirle en Villaviciosa de Odón (Madrid) donde falleció. Durante los trece años que ocupó el trono fue un buen monarca que supo escoger a sus colaboradores. Ellos, junto al rey, fomentaron la paz, lo cual disminuyó los gastos ocasionados hasta entonces por las guerras europeas. Fueron también los responsables de la recuperación económica, del auge de la industria naval en España, fundamental para el comercio con las colonias de América, y del saneamiento de la Hacienda pública.

Louis-Michel Van Loo, *Fernando VI* (detalle), ca. 1750. Colecciones Reales, Patrimonio Nacional, Madrid

∞

Bárbara de Braganza

Lisboa, 1711 - Aranjuez (Madrid), 1758

Esposa de Fernando VI

Hija de Juan V de Portugal y de la archiduquesa María Ana de Austria, contrajo matrimonio con Fernando VI en 1729, cuando este aún era Príncipe de Asturias. Al igual que su esposo, tenía un carácter bondadoso y melancólico que se acentuó al no tener descendencia. Ello unió aún más a la pareja en sus aficiones comunes entre las que se encontraba la música. Al igual que su predecesora, organizaba conciertos cortesanos en los que el cantante principal era Carlo Broschi, el «castratto» napolitano conocido como Farinelli, famoso en todas las cortes europeas por su personal estilo. Fue una de las reinas de España con más formación, pues hablaba seis idiomas, componía música sin dificultad y tuvo entre sus profesores a Doménico Scarlatti. También destacaba por su religiosidad, plasmada en la fundación del Convento de las Salesas Reales en 1758 y la construcción de la iglesia de Santa Bárbara, ambas en Madrid. Poco tiempo después fallecía en Aranjuez a causa de un largo y difícil proceso canceroso. Sus restos mortales fueron trasladados a Madrid en medio de un impresionante cortejo fúnebre y depositados en el citado convento donde también sería enterrado su esposo Fernando VI. Tras su muerte, el monarca, al igual que su padre Felipe V años antes, comenzó a dar muestras de enajenación mental.

Jean Ranc, *Bárbara de Braganza, reina de España* (detalle), ca. 1729. Museo Nacional del Prado, Madrid

Carlos III
Madrid, 1716 - Madrid, 1788

Fue el tercer hijo de Felipe V que llegó a ceñir la Corona española, aunque para ello debió ceder su puesto como rey de Nápoles y Sicilia a su hijo Fernando. Sus casi 30 años de gobierno en España fueron positivos para el reino a causa de su experiencia durante dos décadas en el gobierno de Italia. Aficionado a la caza y con un alto sentido cívico es conocido como «el mejor alcalde de Madrid». Reformó el urbanismo de la villa a la que dotó de infraestructuras sanitarias y culturales, como el Museo de Ciencias Naturales, que más tarde se convirtió en la pinacoteca del Museo del Prado. Tras la muerte de su esposa en 1760, la política exterior española cambia y se orienta hacia Francia, lo que desemboca en la firma del tercer Pacto de Familia un año después y la consecuente entrada de España en la guerra de los Siete Años, debido a las constantes fricciones con Inglaterra. Solo contrajo matrimonio una vez, con María Amalia de Sajonia con quien tuvo 13 hijos, siendo el segundo de ellos, Carlos, el futuro rey de España, a causa de la incapacidad mental del primogénito. Su política reformista basada en el despotismo ilustrado, había conseguido modernizar al país, sacándolo del atraso económico, al tiempo que preparaba el terreno para la introducción del liberalismo económico y político del siglo XIX.

Mariano Salvador Maella, *Carlos III como gran maestre de su orden* (detalle), 1784. Patrimonio Nacional, Palacio Real de Madrid

María Amalia de Sajonia

Dresde 1724 - Madrid 1760

Esposa de Carlos III

Se casó en 1738 con el hijo de Felipe V e Isabel de Farnesio, que reinaba en Nápoles bajo el nombre de Carlos VII. En 1759 llegó con él a España para ocupar el trono que la muerte sin descendencia de Fernando VI había dejado vacío. Con ello acabará la regencia que hasta ese momento había ejercido la ya anciana Isabel de Farnesio. La nueva pareja real fijará su residencia en el Palacio de El Buen Retiro, pues las obras del nuevo Palacio Real, erigido en el solar del incendiado Alcázar, aún no habían concluido. Su llegada a la corte española trajo algunos cambios en los hábitos palaciegos, siendo ella la introductora de la costumbre de instalar un Belén en palacio durante la Navidad. Las figuras de este Nacimiento, que los monarcas habían traído de Nápoles, se conservan aún en el Palacio Real de Madrid. Durante su breve reinado no llegó a hablar castellano, falleciendo muy joven, a los 36 años, de los cuales solo dos había sido reina de España. Carlos III, muy afectado por su muerte, expresó que «ese había sido el primer disgusto de su matrimonio», y declaró que no volvería a casarse. Tuvo 13 hijos con el rey, siete hijas y seis hijos, cinco de los cuales no llegaron a la vida adulta. Dos de sus hijos alcanzarían el trono: Carlos IV sería el futuro rey de España, y Fernando rey de Nápoles.

Giuseppe Bonito, *La reina María Amalia de Sajonia* (detalle), ca. 1744. Museo Nacional del Prado, Madrid

Carlos IV

Nápoles, 1748 - Nápoles, 1819

Llegó a España en 1759 desde Nápoles, cuando su padre fue nombrado rey. Con 40 años de edad y a la muerte de Carlos III ciñó la Corona española. Su falta de carácter político le hace aparecer ante la historia como un muñeco en manos de su esposa, María Luisa de Parma y de su ministro Godoy. Este provocó la rebelión del Príncipe de Asturias, Fernando, así como la lucha contra Inglaterra y la alianza con Francia, que se hizo más clara con la llegada de Napoleón al poder. La entrada de las tropas francesas en España con el pretexto de la conquista de Portugal inició la Guerra de la Independencia en la que el pueblo español tuvo el coraje que no mostraron sus gobernantes. Carlos IV abdicó en su hijo Fernando VII y se refugió en Francia. La sangrienta rebelión del 2 de mayo de 1808 en Madrid enfureció a Napoleón, quien entregó la Corona de España a su hermano, José Bonaparte. Carlos IV pasó el resto de su vida exiliado en Francia e Italia. Había perdido el trono y dejado a España sumida en una guerra y en un caos político desconocido hasta entonces.

Francisco de Goya y Lucientes, *Carlos IV en uniforme de coronel de las Guardias de Corps* (detalle), 1799. Patrimonio Nacional, Palacio Real de Madrid

María Luisa de Parma

Parma, 1751 - Roma, 1819

Esposa de Carlos IV

En 1765 y con solo 14 años de edad, contrajo matrimonio con su primo Carlos, aún Príncipe de Asturias. El largo reinado de Carlos III, permitió a la joven pareja llevar una vida independiente de la política del momento, rodeados de una corte paralela a la oficial que se reunía en el «Cuarto de los Príncipes» del Palacio Real de Madrid. En 1788 su esposo sube al trono con el nombre de Carlos IV, y ese mismo año, conoce a Manuel Godoy. Se sometió a su voluntad de tal manera que las habladurías sobre su vida disoluta recorrieron toda la corte. Ello influyó notablemente en la política española, pues eran muchos los que pensaban que a la muerte de Carlos IV, el llamado «Príncipe de la Paz» haría lo posible por ocupar la regencia perjudicando los derechos del príncipe Fernando. El Motín de Aranjuez de 1808 y la entrada del ejército francés en la península precipitan los acontecimientos y obligan a los reyes a exiliarse a Francia buscando el apoyo de Napoleón, mientras en España reina José I Bonaparte. Tuvo 14 hijos entre ellos a Fernando VII, futuro rey. Murió en Italia y ha pasado a la historia como una mujer caprichosa y vanidosa. La pérdida de calcio producida tras sus numerosos embarazos afectó tanto a su dentadura que hubo de utilizar una postiza de porcelana hecha a su medida.

Francisco de Goya y Lucientes, *La reina Mª Luisa de Parma en traje de corte* (detalle), 1799. Patrimonio Nacional, Palacio Real de Madrid

LA OCUPACIÓN
FRANCESA

La ocupación de las tropas francesas de la península ibérica y la posterior subida al trono español de un miembro de la familia Bonaparte son consecuencia directa de la política expansionista de Napoleón y se enmarcan en el contexto de las conocidas como Guerras Napoleónicas que afectaron también a Inglaterra y Portugal.

La situación interior en España era convulsa y se vio agravada por la debilidad de su rey Carlos IV ante el favorito, Manuel Godoy, que se convirtió en el auténtico dueño de la situación política del reino. Su acercamiento a Francia y la sumisión a sus intereses provocan el rechazo no solo de la nobleza y la iglesia, sino también de la burguesía, el pueblo llano, e incluso los llamados «afrancesados» que vieron amenazado su programa reformista. Ante la inestabilidad de la situación española y al amparo del Tratado de Fontainebleau, los franceses penetraron con un poderoso ejército en España con el pretexto de invadir Portugal. La realidad era muy distinta, ya que las tropas imperiales comenzaron a ocupar algunas ciudades españolas y el descontento popular desembocó en el Motín de Aranjuez -marzo de 1808-, que terminó con el gobierno de Godoy y provocó la abdicación de Carlos IV en la persona de su hijo Fernando. Poco después tuvieron lugar los sangrientos acontecimientos del 2 de mayo en Madrid que con tanto realismo plasmara Goya. La familia real huyó a Bayona, Francia, donde el rey español abdicó a favor del emperador francés.

La fuerte resistencia de los españoles mediante el combate de la «guerra de guerrillas» provoca el nacimiento de identidad de un pueblo antes desunido en luchas intestinas, favorece el nacimiento constitucional y frena la ocupación total del ejército francés del territorio más allá de las grandes ciudades. Los nombres de Agustina de Aragón, Manuela Malasaña, Clara del Rey o el cura Merino, así como los militares Daoiz, Velarde, Ruiz de Mendoza y el general Castaños son, desde entonces, héroes frente al invasor francés. Todo ello no impide que Napoleón sitúe a su hermano, José I, en el trono de España hasta 1813, año en el que comienzan a retirarse de la península ibérica ya que la campaña de Rusia absorbe todos los recursos que las tropas francesas tenían desplegados en resto de Europa.

Francisco de Goya y Lucientes, *El 3 de mayo en Madrid, o «Los fusilamientos»* (detalle), 1814. Museo Nacional del Prado, Madrid

CASA DE BONAPARTE

1808 · 1812

José I
1768 - 1844

Mª Julia Clary
1771 - 1845

Tiene su origen en Italia y es fundada por Carlo Bonaparte y su esposa María Leticia Ramolino, padres de Napoleón, cónsul en Francia que llegaría a ser nombrado emperador. En España, la Casa Bonaparte tiene un solo rey, José I, hermano de Napoleón, que subió al trono español como parte de su política europea.

Jose I

Corte (Córcega), 1768 - Florencia, 1844

Hermano mayor de Napoleón, su vida política estuvo marcada por el fuerte carácter del emperador. En 1806 fue designado por este como rey de Nápoles y dos años más tarde, rey de España. Fijó su corte en Madrid pero a los pocos días de llegar, y como consecuencia de la derrota francesa de Bailén, tuvo que abandonar la capital y fijar su cuartel general en Miranda de Ebro (Burgos) hasta que las nuevas victorias del propio Napoleón le permitieron regresar. La política exterior del reino estaba dictada desde Francia y José I poco podía hacer y, en el plano interior, la Guerra de la Independencia daba más protagonismo a sus generales que a el. No fue un monarca de carácter y el pueblo español le despreció llamándole «Pepe Botella». Nunca se integró en la política española ni se interesó por su cultura, aunque sí aplicó los gustos franceses en las reformas urbanas. De ahí le vino otro sobrenombre «Pepe, el plazuelas», por su obsesión, sobre todo en Madrid, en derribar casas y callejuelas para construir espacios amplios, como la Plaza de Oriente frente al Palacio Real de Madrid.

La derrota del ejército francés y la Constitución de las Cortes de Cádiz de 1812 forzaron su caída. Hasta su muerte vivió como exiliado en Estados Unidos, Londres y Florencia, donde falleció.

Josée Flaugier, *Retrato de José I Bonaparte* (detalle), 1808. Museo Nacional de Arte de Cataluña, Barcelona

María Julia Clary

Marsella, 1771 - Florencia, 1845

Esposa de José I

Se casó en 1794 con José Bonaparte, entonces rey de Nápoles. Es la primera soberana que no proviene de la nobleza, pues su padre era comerciante en la ciudad francesa de Marsella, y cuando su marido ocupó el trono español era ya regente de las Dos Sicilias y princesa imperial de Francia. Hay autores que no la incluyen en la lista de reinas de España pues nunca llegó a viajar a nuestro país y residió en París, en el Palacio de Luxemburgo, los cinco años que su esposo gobernó como rey. Puede ser que la razón de su negativa a viajar a España fuera, principalmente, el intenso sentimiento antifrancés de los españoles, que no aceptaban un rey impuesto desde fuera. Además, no era un buen momento para trasladarse con dos niñas pequeñas y ya había sufrido bastante con la muerte, poco después de nacer, de su primera hija, Julia Josefina. Por otro lado, estaban los conocidos amores de su marido con Teresa Montalvo, joven viuda recién llegada de Cuba. A pesar de la distancia, José I siempre celebró con grandes fiestas en Madrid el aniversario de su esposa. Cuando su marido perdió el trono de España, Julia utilizó el título de condesa de Survilliers, exiliándose a Suiza e Italia, donde falleció. Su hija Charlotte contrajo matrimonio con Napoleón Luis, hijo del Rey de Holanda.

Robert Lefevre, *Retrato de Marie-Julie Clary con su hija Zenaide Clary* (detalle), 1806. Versailles, Musée du Chateau

LAS CORTES DE CÁDIZ

Ante la confusa situación política y social creada en España con
la entrada de las tropas de Napoleón, nacen las Juntas Locales y
Provinciales de Defensa. Su aparición viene a ocupar el vacío de
poder creado tras las abdicaciones de Carlos IV y Fernando VII en
el emperador francés, que situó en el trono español a su hermano
José. El no reconocimiento de este como soberano y la necesidad de una organización en período de guerra obligó a estas
Juntas, tras la victoria de Bailén sobre el ejército napoleónico, a
un proceso de coordinación que culminó a finales de 1808 en
la Junta Central. Como máxima autoridad de gobierno del país y
órgano supremo de la resistencia frente al invasor francés, logró
convocar en 1810 unas Cortes en Cádiz donde se reunieron re-
presentantes de las provincias españolas, americanas y filipinas.
Ideológicamente su composición parecía un tanto heterogénea,
aunque podemos distinguir tres grandes grupos: los absolutistas,
que defendían el regreso de un rey de la Casa de Borbón; los
«ilustrados», seguidores de Jovellanos y defensores de las reformas
y por último, los liberales, fieles a los principios de la Revolución
Francesa.

La principal misión de las Cortes de Cádiz era la de crear un
conjunto de leyes que subsanaran, al menos en parte, los erro-
res cometidos en el pasado. Así nació la Constitución de 1812,
llamada «la Pepa», por ser el día de San José el de su promulga-

ción. Fue la primera Constitución española, con una azarosa vida y distintos períodos de vigencia y supresión a lo largo de la primera mitad del siglo XIX. Su marcado carácter liberal, declaraba el principio de soberanía nacional, lo que anulaba de hecho el absolutismo, aunque declaraba a la monarquía como forma de gobierno y reconocía la división de poderes. Defendía también los derechos fundamentales emanados de la Revolución Francesa y eliminaba la Inquisición. No tuvo esta ley en su primera etapa un recorrido muy largo pues en 1814 regresa a España Fernando VII y anula todos los actos realizados por las Cortes de Cádiz en su ausencia. El objetivo era la restauración de la monarquía absolutista y de los privilegios propios de la sociedad estamental del Antiguo Régimen.

José Casado del Alisal, *El juramento de las Cortes de Cádiz de 1810* (detalle), 1862. Congreso de los Diputados, Madrid

CASA DE BORBÓN

1812 · 1868

**Francisco de Asís
Borbón y Borbón**
1822 - 1902

Isabel II
1830 - 1904

Mª Cristina
de Borbón
1806 - 1878

Mª Josefa
Amalia
de Sajonia
1805 - 1829

Mª Isabel de
Braganza
y Borbón
1797 - 1818

Mª Antonia
de Borbón
1784 - 1806

Fernando VII
1784 - 1833

Tras el corto paréntesis de la ocupación del trono español por José I Bonaparte, vuelve al gobierno de España un miembro de la Casa de Borbón. No será por mucho tiempo, tan solo dos reinados, el de Fernando VII y el de su hija Isabel II, a quien la Revolución de 1868 obligó a su exilio en París.

Fernando VII

San Lorenzo de El Escorial (Madrid), 1784 - Madrid, 1833

Hijo de Carlos IV y María Luisa de Parma, pronto se interesó por la política del reino pues a los 22 años de edad se puso al frente de la conocida como «Conspiración del Escorial», intriga palaciega destinada a derrocar a Godoy, que terminó siendo abortada. Los graves sucesos posteriores y la abdicación de su padre le permitieron ceñir la Corona de España, aunque solo durante unos meses del año 1808. La invasión francesa y la presión de Napoleón le obligaron a dejar el poder en manos de José Bonaparte, cuya derrota permitió su regreso a España y el comienzo de un reinado cambiante, ya que primero juró la Constitución de Cádiz para después pactar con la Santa Alianza, formada por las monarquías absolutistas de Austria, Prusia y Rusia. Las consecuencias de sus veinte años de reinado fueron la inestabilidad en el interior y la independencia de las colonias americanas en el exterior lo cual trajo consigo importantes pérdidas económicas para España. En los últimos años de su vida su obsesión fue la sucesión de la Corona ya que a pesar de haber contraído matrimonio cuatro veces, solo tenía dos hijas a las que la ley impedía el acceso al trono. La anulación de la Ley Sálica en 1830 permitió la llegada al poder de su hija Isabel.

Francisco de Goya y Lucientes, *Fernando VII, ante un campamento* (detalle). Después de 1815, Museo Nacional del Prado, Madrid

∞

María Antonia de Borbón

Nápoles, 1784 - Aranjuez (Madrid), 1806

1ª esposa de Fernando VII

Era hija de los reyes de Nápoles y nieta por tanto de María Teresa I, emperatriz de Austria. Recibió por ello una esmerada educación que la convirtió en una gran aficionada a la lectura. Nunca utilizó el título de reina de España, pues cuando contrajo matrimonio en 1802 con Fernando, el aún era Príncipe de Asturias, y falleció antes que de que llegara al trono tras la marcha de José I Bonaparte de España.

Tenía 18 años cuando se celebró la boda y dicen que la primera vez que vio a su futuro esposo, rompió a llorar, aunque con el tiempo su relación matrimonial mejoró. El resto de la corte no ayudó a la princesa que se encontró en medio de la rivalidad entre su marido, el ministro Godoy y su suegra, Mª Luisa de Parma, cuya hostilidad era manifiesta hasta el punto de imponerle un confesor personal que espiaba todos sus movimientos. Falleció a los veintiún años, en 1806, de una enfermedad cardíaca y no dejó descendencia.

María Isabel de Braganza y Borbón

Lisboa, 1797 - Aranjuez (Madrid), 1818

2ª esposa de Fernando VII

Primogénita de los reyes de Portugal, Brasil y el Algarve se casó en Madrid en el año 1816 con Fernando VII. Con ello se cumplía una alianza de Estado, lo cual, unido a las continuas infidelidades de Fernando VII y su soledad en la corte, le empujaron a dedicarse por entero a la protección de las artes. Se involucró en la creación del Museo del Prado como pinacoteca real, y consiguió que la Corona donara mensualmente una aportación económica para su mantenimiento. Gracias a su labor se recuperaron muchas obras de arte españolas que los franceses, durante la ocupación del reino, habían confiscado y trasladado a su país.

En agosto de 1817 dio a luz a una niña, María Isabel Luisa, que morirá poco después. Tras esta desgracia su salud se resintió y falleció al año siguiente en el Palacio de Aranjuez.

Vicente López, *Dª. Isabel de Braganza*, ca. 1821. Museo de la Real Academia de Bellas Artes de San Fernando, Madrid

María Josefa Amalia de Sajonia

Dresde, 1803 - Aranjuez (Madrid), 1829

3ª esposa de Fernando VII

Contrajo matrimonio en 1819 con Fernando VII. Había una gran diferencia de edad entre ambos, pues ella tenía 16 años y el rey 34. Para el monarca era su tercera boda, pero la reina desconocía la vida cortesana, ya que a la muerte de su madre se educó en un convento del que salió la víspera de su viaje a España para contraer matrimonio.

Su vida religiosa continuó siendo intensa una vez estuvo instalada en la corte, alejada de los conflictos políticos que preocupaban en palacio, e indiferente a los problemas que Fernando VII tenía al no haber conseguido aún descendencia y que podían facilitar el acceso de los carlistas al poder. Aunque hubiera tensiones a su alrededor, la soberana vivía entre oraciones y poesías, escritas por ella misma, y que, tras su fallecimiento sin descendencia en 1829 en el Palacio de Aranjuez, intentó publicar su esposo.

Francisco Lacoma Sans, *María Josefa Amalia de Sajonia, tercera esposa de Fernando VII* (detalle), 1820. Museo Nacional del Prado, Madrid

∞

María Cristina de Borbón

Palermo, 1806 - Sainte Adresse (Normandía), 1878

4ª esposa de Fernando VII

Su boda en 1829 con Fernando VII fue otro matrimonio de Estado con gran desigualdad entre los contrayentes: ella era una joven de 23 años, mientras el rey, casi le doblaba la edad y sufría frecuentes ataques de gota. Tuvieron dos hijas: Isabel, que subió al trono de España tras la derogación de la Ley Sálica en 1833 y Luisa Fernanda. La muerte del rey ese mismo año convirtió a María Cristina de Borbón en regente, pero sus controvertidas medidas agravaron la situación política, al tiempo que aumentaban las críticas hacia su vida personal, lo que le obligó a renunciar a la regencia y exiliarse a Francia en 1840. En este país su matrimonio morganático con D. Agustín Fernando Muñoz, con quien tuvo ocho hijos, era mejor tolerado. Años después regresó a España para apoyar la política de su hija Isabel II, aunque volvió a Francia en 1854, donde falleció veinte años después.

Vicente López Portaña, *María Cristina de Borbón, reina de España* (detalle), 1830. Museo Nacional del Prado, Madrid

Isabel II

Madrid, 1830 - París, 1904

Subió al trono a la muerte de su padre, con solo tres años de edad, por lo que su madre, María Cristina de Borbón, asumió la regencia hasta 1843, año en el que comenzó su auténtico reinado que duraría 25 años. Su gobierno estuvo marcado por las Guerras Carlistas, provocadas por los partidarios del hermano de su padre Fernando VII, el infante Carlos María Isidro quien, apelando a la Ley Sálica, se consideraba el verdadero monarca. En realidad, se enfrentaban dos bandos políticos: la burguesía liberal que apoyaba a Isabel II, y los defensores del Antiguo Régimen, partidarios del citado infante. Mujer inteligente y de carácter abierto y alegre, vivió desde el trono el cambio de una España absolutista a un reino de corte liberal y burgués. Fueron figuras clave en su gobierno los militares Espartero, Narváez y O'Donnell y el ministro Madoz, cuya labor permitió la recuperación de las arcas del Estado. A pesar de contar con consejeros de gran valía, su reinado fue turbulento y la revolución de 1868 le obligó a exiliarse a París y abdicar dos años después en su hijo Alfonso XII. Desde Francia, la reina conoció la labor de Cánovas de Castillo, artífice de la restauración monárquica en España.

Heribert Mariezcurrena, *Retrato de Isabel II* (detalle), ca. 1876. Biblioteca Nacional de España, Madrid

Francisco de Asís Borbón y Borbón

Aranjuez (Madrid), 1822 - Epinay-sur-Seine (París), 1902

Esposo de Isabel II

Se casó con su prima, la reina Isabel II en 1846, tomando entonces el título de rey y el tratamiento de majestad. Al tratarse de una boda concertada, fruto de un pacto de Estado, provocó numerosos rumores en la corte. Para unos, Francisco de Asís era homosexual e Isabel II tenía numerosos amantes; para otros, era el rey quien poseía amantes en París con las que mantenía una activa correspondencia. Existen muchas anécdotas sobre uno y otro, pero no es posible saber cuáles son ciertas o solo fruto de las intrigas palaciegas. Tuvo una escasa influencia política, aunque no se mantuvo ajeno del todo a ella pues, entre otras acciones, promovió conversaciones con los carlistas para unir las dos ramas dinásticas a través de la boda de su hija con el heredero del infante Carlos María Isidro. Por su excelente posición social participó en importantes negocios con grandes beneficios económicos, así como en la restauración de numerosas obras de arte. Se exilió a Francia con la reina tras la revolución de 1868, pero la distancia entre la pareja aumentó y el matrimonio se rompió tras más de veinte años de convivencia y el nacimiento de diez hijos. Francisco de Asís se instaló en Epinay-sur-Seine, al noroeste de París, donde falleció con 80 años.

Heribert Mariezcurrena, *Retrato de Francisco de Asís de Borbón* (detalle), ca. 1876.
Biblioteca Nacional de España, Madrid

LA REVOLUCIÓN DE 1868

Conocida también como «La Gloriosa», la revolución de 1868 sacudió los cimientos sociopolíticos de España y culminó con el exilio de la reina Isabel II de Borbón, todo un símbolo para la historia de un reino apoyado en un régimen monárquico desde hacía siglos. Tras ella comienza el Sexenio Revolucionario durante el que se vivieron distintas fórmulas políticas que, desde la monarquía parlamentaria al régimen republicano, derivaron en la Restauración borbónica y el regreso de un miembro de esta dinastía al trono de España.

El clima político de la revolución llevaba gestándose al menos desde 1865 con la progresiva derechización del gobierno y en medio de una Europa dominada por una crisis económica.

El gobierno arbitrario de Isabel II y la dura represión llevada a cabo por los moderados contra los levantamientos populares, como ocurrió con los fusilamientos de los sublevados del Cuartel de San Gil en 1866, provocaron la unión de progresistas, unionistas, demócratas y militares liberales en un movimiento antidinástico que culminó en septiembre de 1868 con la intervención de los generales Prim y Serrano. La victoria de estos sobre las tropas reales en la batalla de Alcolea ese mismo año provocó la huida de la reina Isabel II hacia el exilio y la constitución de un gobierno provisional en Madrid hasta 1871. Durante este período se aprobó la Constitución de 1869, la más democrática en la historia de España hasta entonces. Recogía entre sus principios la soberanía nacional, el sufragio universal y la libertad religiosa. Sin embargo, el concepto de «monarquía democrática» desarrollado a través del artículo 33, no gustó a todos, ya que implicaba la búsqueda de un soberano, rompiendo con ello los preceptos republicanos. La selección de un candidato al trono de España entre las cortes europeas finalizó en 1870 cuando las Cortes eligen a Amadeo de Saboya, candidato del Jefe del Gobierno, el general Prim. Cuando en diciembre de aquel mismo año el monarca electo desembarcaba en el puerto de Cartagena, su mentor había sido asesinado, lo cual complicó su corto reinado. En febrero de 1873 el rey abandonaba España y comienza una nueva etapa política con la I República.

Jean Laurent y Minier, *Gobierno provisional*, 1868. Museo del Romanticismo, Madrid

CASA DE SABOYA

1871 · 1873

Amadeo I
1845 - 1890

**María Victoria del
Pozzo de la Cisterna**
1847 - 1876

Amadeo I fue el primero y único rey español de la Casa de Saboya. Ocupó el trono durante un periodo corto de tiempo, de 1871 a 1873, año en el que renunció regresando a Italia, donde retomó el título de Duque de Aosta. Tras su reinado se proclamó la I República española.

Amadeo I

Turín, 1845 - Turín, 1890

Su llegada a España en 1870 está relacionada con la revolución de 1868 que expulsó de España a Isabel II. Un año después el nuevo orden constitucional se basa en la soberanía nacional y en la necesidad de contar con un gobierno monárquico. Excluida la Casa de Borbón, las Cortes eligen a Amadeo de Saboya, candidato del general Prim. El asesinato de éste último coincide con la llegada del nuevo rey, que comprende pronto que su labor no va a ser fácil. Juró la Constitución de 1869 y fue un escrupuloso observante de los principios constitucionales formando gobierno con los protagonistas de la revolución del 68: progresistas, demócratas y unionistas. Nació así la esperanza en un país sumido desde hacía años en golpes de estado, pronunciamientos y revueltas; pero la situación no cambió y sus partidarios se dividieron en dos bandos: el partido constitucional, liderado por Sagasta y el general Serrano, y el partido radical, dirigido por Ruiz Zorrilla. Entretanto, en la oposición, los carlistas, los seguidores de Alfonso (hijo de Isabel II) y los republicanos, creaban disturbios que complicaban el panorama político. Convencido de que su actuación había agravado la difícil situación interior del reino, renunció al trono en 1873 y volvió a Italia.

Eusebio Juliá, *Retrato de Amadeo de Saboya*, 1870. Museo Lázaro Galdiano, Madrid

∞

María Victoria del Pozzo de la Cisterna

París, 1847- San Remo (Liguria),1876

Esposa de Amadeo I

Pasó una infancia triste en Italia después de que la muerte de su padre sumiera a su madre en una profunda depresión. Por su serena belleza y la melancolía de su carácter era conocida como la «Rosa de Turín». Contrajo matrimonio en 1867 con el príncipe Amadeo de Saboya, con quien viajó a España cuando este fue nombrado soberano por las Cortes, tras el derrocamiento de Isabel II. Detentaba el título de Duquesa de Aosta desde su matrimonio y adquirió el de reina de España en 1871 cuando su marido subió oficialmente al trono. Su vida en Madrid no fue fácil, pues la alta nobleza partidaria de los Borbones les trató como a intrusos, negándose incluso a acudir a las fiestas de palacio y a las citas que el protocolo real exigía. El matrimonio tuvo tres hijos: Manuel Filiberto (1869-1931), que ostentó temporalmente el título de Príncipe de Asturias y el de Duque de Puglia y de Aosta; Victor Manuel, Conde de Turín, nacido en esta ciudad en 1870 y fallecido en 1946, y Luis (1873-1933), Duque de los Abruzzos, el único de los hijos que nació en Madrid. Fue reina de España solo tres años y cuando su marido renunció a la Corona, ambos volvieron a Italia donde falleció siendo aún una joven de 29 años.

Retrato de María Victoria del Pozzo de la Cisterna, Biblioteca Nacional de España, Madrid

LA I REPÚBLICA ESPAÑOLA

La inestabilidad política y el rechazo a su gestión por parte de los carlistas, provocaron que Amadeo I de Saboya, en el mes de febrero de 1873, presentara su renuncia al trono en las Cortes. Ante el fracaso de la monarquía comenzaba un nuevo tiempo político con la proclamación de la I República española. No tuvo sin embargo esta un recorrido muy largo, tan solo hasta diciembre de 1874 cuando, tras el pronunciamiento del general Martínez Campos, triunfó la Restauración borbónica.

La fragilidad de la política española durante este primer período republicano y federal de su historia resulta manifiesta cuando observamos que en un año son cuatro los presidentes del gobierno: Estanislao Figueras, Francisco Pi y Margall, Nicolás Salmerón y Emilio Castelar. Gobiernan sobre una sociedad dividida, donde las tensiones políticas entre los partidarios de una república federal y reformista luchan contra los defensores de un modelo unitario de raíz más conservadora. A pesar de la crispación en la vida política lograron tomarse algunas medidas, como la supresión de algunos impuestos, la separación entre la Iglesia y el Estado, la abolición de la esclavitud en algunas zonas como Cuba y Puerto Rico y la reglamentación del trabajo.

La situación del país no obstante era muy grave y durante la presidencia de Castelar la crisis económica y la insurrección en Cuba no ayudaron a su solución. En enero de 1874 se vio obligado a dimitir de su cargo y pocas horas después el general Pavía entraba en el Congreso. Este golpe de Estado permitió la llegada al poder del general Serrano, con quien se inicia una segunda etapa de la I República. Se la conoce como «república unitaria» aunque se trataba en realidad de una dictadura que dejó en suspenso y sin efecto la Constitución de 1869. El breve paréntesis que había supuesto la I República española se cerraba para siempre cuando a finales de 1874, el general Martínez Campos proclama al hijo de Isabel II, Alfonso XII, como rey de España.

Joaquín Furnó, «Presidentes de la República Española» en *Historia general de España*, Modesto Lafuente, Barcelona, 1882

CASA DE BORBÓN

1874 · 1931

Mª de las Mercedes de Orleans y Borbón
1860 - 1878

Alfonso XII
1857 - 1885

Mª Cristina de Habsburgo-Lorena
1858 - 1929

Victoria Eugenia de Battenberg
1887 - 1969

Alfonso XIII
1886 - 1941

Durante la I República en España, alrededor del presidente Cánovas del Castillo se formó un grupo partidario de la restauración borbónica. Tras el golpe de estado del general Pavía, se ofreció el trono a Alfonso, hijo de Isabel II. Volvían los Borbones a gobernar en España, pero ahora con un sistema político bipartidista y una alternancia en el gobierno entre conservadores y liberales.

Alfonso XII
Madrid, 1857 - El Pardo (Madrid), 1885

Hijo de Isabel II y de Francisco de Asís, obtuvo los derechos dinásticos en 1870 tras la abdicación de su madre, exiliada en
París. En España, el fracaso de Amadeo de Saboya había dado
paso a la I República (1873-1874) durante la cual, los partidarios
de la restauración borbónica se agruparon en torno a Antonio
Cánovas del Castillo. Se ofreció a Alfonso el trono a cambio de
la firma del Manifiesto de Sandhurst que defendía la monarquía
parlamentaria, por lo que a finales de ese mismo año 1874 fue
proclamado como rey de España, mientras Cánovas del Castillo
se hacía cargo del gobierno hasta su llegada a Barcelona en enero de 1875. Durante sus diez años de reinado hubo una intensa
actividad legislativa orientada a la centralización jurídico-adminis-
trativa, aunque lo más relevante fue la elaboración de una nueva
Constitución, que consagraba el intervencionismo regio en la vida
política del país y sustituía a la Constitución de 1869, claramente
más progresista. En cualquier caso, con la restauración monárquica se consolidó un sistema político fundamentalmente bipartidista
con un partido conservador liderado por Cánovas del Castillo, y
otro liberal, cuya cabeza visible era Sagasta. A pesar de haber
contraído matrimonio dos veces, Alfonso XII murió sin dejar un
heredero varón. El rey falleció en 1885 pero su segunda esposa,
Mª Cristina de Habsburgo estaba embarazada y meses después
daría a luz al futuro rey, Alfonso XIII.

Fernando Debas, *Alfonso XII, rey de España* (detalle), 1875. Biblioteca Nacional de
España, Madrid

∞

María de las Mercedes de Orleans y Borbón

Madrid, 1860 - Madrid, 1878

1ª esposa de Alfonso XII

Hija de los Duques de Montpensier, contrajo matrimonio en 1878 con su primo Alfonso XII en Madrid. Fue una boda por amor, un caso poco frecuente en los matrimonios reales, y por ello un acontecimiento popular entre los españoles, muchos de los cuales se trasladaron a la capital del reino a disfrutar de los festejos regios. Desgraciadamente esta unión fue muy breve, pues unos meses después de la boda fallecía en Madrid, tras un grave proceso tuberculoso que no se pudo frenar. Tenía solo 18 años y durante únicamente 154 días fue reina de España. Su muerte afectó mucho al pueblo español que acudió en gran número al Palacio Real de Madrid, donde se instaló la capilla ardiente, al tiempo que se compusieron coplas populares sobre la desgracia del rey ante la prematura muerte de su joven esposa.

Luis Moratalla, *María de las Mercedes de Orleans y Borbón*, 1878. Biblioteca Nacional de España, Madrid

María Cristina de Habsburgo-Lorena

Gross-Seelowitz (Moravia), 1858 - Madrid, 1929

2ª esposa de Alfonso XII

Hija de los archiduques de Austria, se casó en 1879 con Alfonso XII, viudo desde hacía un año. Esta vez el matrimonio fue concertado por Martínez Campos.

Su vida en la corte de Madrid no fue fácil al principio, pero su habilidad política logró salvar la situación. A la muerte del rey en 1885, con quien había tenido dos hijas, y embarazada de cuatro meses, fue designada como regente. El nacimiento de un varón, Alfonso XIII, permitió la continuidad de su regencia hasta la mayoría de edad del rey mientras se alternaban en el gobierno el partido conservador de Cánovas del Castillo y el liberal de Sagasta. En 1902, Alfonso XIII subió al trono y ella se retiró llevando hasta su muerte, 27 años después, una vida familiar alejada del ambiente político.

Fernando Debas, *María Cristina Reina de España*, 1875. Biblioteca Nacional de España, Madrid

Alfonso XIII

Madrid, 1886 - Roma, 1941

Caso único en la historia de la Corona española, fue rey desde su nacimiento, pero hasta su mayoría de edad gobernó como regente su madre Mª Cristina de Habsburgo. En 1902, al cumplir 16 años, Alfonso XIII es declarado mayor de edad e inicia su reinado efectivo, que se prolongará a lo largo de tres décadas. Al principio de su mandato se mantuvo el sistema bipartidista alternando en el gobierno un partido conservador, con Maura y otro liberal, con Sagasta y Canalejas, lo que supuso numerosos problemas. Crearon también mucho desequilibrio sociopolítico las guerras en el norte de África, los nacionalismos vasco y catalán y las huelgas revolucionarias, además del reajuste económico del final de la I Guerra Mundial, favorable a la economía española a causa de su neutralidad. El resultado fue una situación social insegura y una política convulsa que llevaron al golpe militar de Primo de Rivera (1923). El claro apoyo del monarca a este régimen, las guerras en Marruecos y la crisis económica favorecieron la unión de los partidos de izquierdas. Las elecciones de abril de 1931, contrarias a la monarquía, hicieron que, después de más de 40 años de reinado, Alfonso XIII, ante el peligro de una guerra civil, dejara paso a la II República y voluntariamente se exiliara en Roma, donde fallecería.

Victoria Eugenia de Battenberg

Balmoral (Aberdeenshire), 1887 - Lausana, 1969

Esposa de Alfonso XIII

Nieta de la reina Victoria de Inglaterra, fue bautizada como Victoria Eugenia Julia Ena, siendo conocida familiarmente por este último nombre que, según algunos, fue un error del escriba ya que el deseo de sus padres era llamarla Eva. Tuvo que renunciar a su fe protestante antes de su boda católica con Alfonso XIII en 1906. No fue un día feliz para nadie, pues a pesar de las medidas de seguridad, una bomba arrojada por el anarquista Mateo Morral al paso de la comitiva real por la calle Mayor de Madrid, produjo más de veinte muertos entre los asistentes. Su inteligencia, elegancia natural y agradable carácter facilitaron su adaptación a la corte española tan distinta a la inglesa donde se había criado. No participó en la política del reino, pero tuvo que exiliarse junto a su esposo cuando en 1931 se proclamó la II República. La tensa vida del exilio distanció al matrimonio que se separó amistosamente después de haber tenido seis hijos. A pesar de su enemistad con Francisco Franco, viajó temporalmente a España en 1968 para acudir al bautizo de su bisnieto, el príncipe de Asturias, don Felipe de Borbón. Falleció un año después en Suiza, pero hasta 1985 no fueron trasladados sus restos al panteón del Monasterio de El Escorial donde reposan actualmente.

Victoria Eugenia, reina de España, 1922

LA II REPÚBLICA, GUERRA CIVIL, DICTADURA Y TRANSICIÓN

Cuando en 1931 el rey Alfonso XIII toma el camino del exilio como hacía sesenta años lo hiciera su abuela Isabel II, se inicia un complicado período histórico que, tras una república, una guerra civil y una dictadura militar culminará en el actual Reino de España, un estado democrático cuya forma de gobierno es una monarquía parlamentaria representada por su bisnieto Felipe VI.

Este proceso hasta nuestros días, ocupa 80 años de la historia de España y comienza con las elecciones municipales del 12 de abril de 1931 que ganaron por mayoría las candidaturas republicanas y socialistas. Dos días después se proclamaba la II República española, que prolongó su vida hasta el 1 de abril de 1939, fecha de la victoria de las tropas franquistas en la guerra civil y de inicio de un nuevo sistema político: la Dictadura de Francisco Franco.

El gobierno de la II República se basó en un nuevo cuerpo legislativo: la Constitución de 1931. En ella se definía al Estado español como laico y demócrata, al tiempo que se cambiaban algunos símbolos del país, como la bandera que paso a ser roja, amarilla y morada. Recogía también la Constitución los derechos y libertades sociales que ampliaban el derecho de sufragio.

La victoria del Frente Popular (pacto electoral formado por partidos de izquierdas) en las elecciones de 1936 provocó una dura reacción en la CEDA, coalición de grupos de derecha. Un ambiente enrarecido en el plano social y político recorrió el país, mientras una conspiración militar tomaba cuerpo con el objetivo de derrocar al gobierno. El 17 de julio una insurrección militar en Melilla se extiende a la península y logra en pocos días dividir al ejército y al país en dos zonas, la republicana y la rebelde, definida a sí misma como «nacional».

A pesar de la neutralidad y el pacto de «no intervención" que firmaron las democracias occidentales se crearon unidades de voluntarios que, como las Brigadas Internacionales, lucharon a favor de la República; los rebeldes por su parte, contaron con el apoyo de los gobiernos fascistas de Alemania e Italia.

Después de tres años de guerra civil y un elevado número de muertos, la II República fue derrotada y en abril de 1939 se instauró en España una dictadura, «un estado totalitario», según palabras del propio Francisco Franco, que perduró hasta su muerte en 1975. Hasta los años 50 del pasado siglo, España vivió aislada política y económicamente a causa del rechazo de las potencias occidentales a su gobierno.

En 1969, Franco nombra sucesor al príncipe D. Juan Carlos de Borbón, nieto del último rey de España, Alfonso XIII, mientras la oposición a la dictadura se endurece y se organizan en la clandestinidad sindicatos y partidos políticos. Con la muerte de Franco en 1975 y la proclamación de Juan Carlos I como rey de España, se abre una nueva etapa para el país y comienza la Transición española hacia una democracia. Su ordenamiento jurídico será la Constitución de 1978 aprobada por mayoría en referéndum ese mismo año y que establece la monarquía parlamentaria como forma de gobierno en España.

Luís Millán, *Proclamación de Don Juan Carlos como rey de España* (detalle), 22/11/1975. Agencia EFE, Madrid

CASA DE BORBÓN

1975 · actualidad

Sofía de Grecia
1938 -

Juan Carlos I
1938 -

Felipe VI
1968 -

Letizia Ortiz Rocasolano
1972 -

Juan Carlos I

Roma, 1938

Segundo hijo del matrimonio entre el hijo de Alfonso XIII, don Juan de Borbón y Battenberg y doña Mª de las Mercedes de Borbón, condes de Barcelona, vivió su infancia en el exilio y llegó al trono después de la muerte de Francisco Franco y el fin de la Dictadura, cuando fue proclamado en 1975. Tras sus estudios en los tres cuerpos del Ejército español y su matrimonio con doña Sofía de Grecia, Franco le designa como su «sucesor en la Jefatura de Estado» y lo nombra «Príncipe de España». A la muerte del dictador recibe de su padre los derechos dinásticos heredados de Alfonso XIII. Sus primeros años de reinado fueron difíciles, pues hubo de ganarse la confianza de unos y otros al tiempo que realizaba una transición pacífica desde una dictadura a una democracia. Su intervención, a favor de los valores democráticos, durante el golpe de estado del 23 de febrero de 1981, consolidó el papel de la monarquía como símbolo de unidad. Su labor diplomática en el exterior fue uno de los pilares de su agenda oficial desde los primeros meses de su reinado, hecho que contribuyó a crear la imagen de una España moderna. Tras un largo reinado de 38 años, en junio de 2014 abdicó del trono en favor de su hijo y heredero, D. Felipe de Borbón y Grecia.

Retrato del príncipe Juan Carlos de Borbón, 21/11/1975. Agencia EFE, Madrid

∞

Sofía de Grecia

Atenas, 1938

Esposa de Juan Carlos I

Hija de los reyes de Grecia, vive su infancia en el exilio junto a su familia hasta 1944 cuando regresa a su país natal y comienza sus estudios en una escuela pública. A los 13 años de edad se traslada al internado alemán de Kurt Hann en Salem. Contrajo matrimonio en 1962 con don Juan Carlos de Borbón en una boda celebrada en Atenas con una doble ceremonia: primero en la catedral católica de San Dionisio Areopagita, donde doña Sofía entró a formar parte de la Iglesia católica, y después en la catedral metropolitana ortodoxa, donde tuvo lugar el matrimonio civil según las leyes griegas. En noviembre de 1975 se convertirá en reina consorte de España, papel desde el que ejerce el patronazgo sobre distintas obras artísticas y de caridad. Por ello es considerada una embajadora excepcional de la cultura y las tradiciones de España. De exquisita cultura y gran sencillez, su actividad oficial se ha desarrollado siempre al lado de su esposo, junto al que ha defendido las libertades constitucionales. Tras la abdicación de su marido Juan Carlos I ambos mantienen el título honorífico de reyes, con tratamiento de majestad. El matrimonio tiene tres hijos: las infantas doña Elena y doña Cristina y el actual rey de España, Felipe VI.

La reina Sofía durante la recepción ofrecida por el presidente uruguayo en Montevideo, 20/5/1983. Agencia EFE, Madrid

Felipe VI

Madrid, 1968

D. Felipe de Borbón y Grecia, tercer hijo de D. Juan Carlos de Borbón y Doña Sofía de Grecia, accedió al trono en 2014 tras la abdicación de su padre. Se educó en Madrid y completó sus estudios académicos en Canadá y Estados Unidos. Con una sólida formación militar y civil, a su mayoría de edad, en 1986, juró la Constitución española, desempeñando desde entonces oficialmente su trabajo como heredero de la Corona y representante del Estado Español en actos oficiales y viajes, como las tomas de posesión de los presidentes iberoamericanos desde 1996. En el año 2004 contrae matrimonio con Doña Letizia Ortiz Rocasolano, unión de la que han nacido dos hijas, las infantas Dª Leonor y Dª Sofía, siendo la primera de ellas Princesa de Asturias desde la proclamación de su padre como rey. Como monarca ocupa la Jefatura del Estado, el mando supremo de las Fuerzas Armadas, así como el patronazgo de las ocho reales academias responsables de la investigación y divulgación cultural, artística y científica del reino. Desde su llegada al trono ha trabajado por otorgar a la monarquía española un aire nuevo a través de la inclusión de la institución en la Ley de Transparencia al igual que el resto de las altas instituciones del Estado.

Emilio Naranjo, *El rey Felipe VI preside a las puertas del Congreso el primer desfile militar tras su proclamación*, 19/06/2014. Agencia EFE, Madrid

Letizia Ortiz Rocasolano

Oviedo, 1972

Esposa de Felipe VI

Hija de don Jesús Ortiz Álvarez y doña Paloma Rocasolano Rodríguez, comenzó sus estudios en Oviedo, su ciudad natal, y los continuó en Madrid, donde se trasladó junto a su familia. Contrajo matrimonio en 2004 en la catedral de Santa María La Real de la Almudena de Madrid con D. Felipe de Borbón. Licenciada en Ciencias de la Información, en su rama de Periodismo, ejerció su profesión en diversos medios de prensa escrita y televisión hasta su enlace con Felipe VI. Todo ello la convierte en la primera reina consorte de España sin antepasados aristocráticos y con una vida laboral y profesional diferente a la que ejerce como consorte real. Por su labor institucional, acompaña al monarca en sus viajes y actos oficiales al tiempo que mantiene, desde el año 2007, una agenda propia al haber asumido la presidencia de diversas instituciones educativas, científicas y médicas. Tal es el caso de la Presidencia de Honor de la Asociación Española contra el Cáncer y de su Fundación Científica, cargo que ocupa desde 2010. Ha centrado también su labor en la inclusión laboral y social de los jóvenes con dificultades y en las enfermedades raras a través de la Fundación Hesperia. Atiende también personalmente la educación de sus dos hijas, las infantas Leonor, Princesa de Asturias, y Sofía.

Chema Moya, *La reina Letizia durante la cena de gala que los reyes de España ofrecieron en el Palacio Real en honor del presidente de Argentina*, 22/02/2017. Agencia EFE, Madrid

CRÉDITOS DE LAS FOTOGRAFÍAS:

© Museo Nacional del Prado: pp. 24, 26, 33, 38, 44, 46, 52, 56, 62, 69, 88, 96-97, 108, 110, 114, 116

© Museo Nacional de Escultura (fotografía: Javier Muñoz, Paz Pastor), p. 28

© KHM-Museumsverband, p. 30

© Patrimonio Nacional: pp. 36, 40, 42, 50, 82, 86, 90, 92

© Fundación Lázaro Galdiano: pp. 48, 60, 74, 126

© DeAgostini Picture Library/Scala, Florence: pp.76, 102

© The National Gallery, London/Scala, Florence, p. 54

© Photo MNP/Scala, Florence, p. 58

© Real Academia de Bellas Artes de San Fernando: p. 72, 112

© Museu Nacional d'Art de Catalunya, Barcelona: p. 100

© Biblioteca Nacional de España, 10, 18, 118, 120, 128, 134, 136, 138

© Agencia EFE, p. 150, 152/Emilio Naranjo, p. 155/Chema Moya, p. 157

© Museo del Romanticismo: p. 122

© Colección del Senado: p. 21

© Congreso de los Diputados, p. 105

Textos

Pilar Ramos Vicent

Coordinación editorial

Editorial Palacios y Museos (Anabel Hernández)

Diseño editorial y de cubierta

Editorial Palacios y Museos (Lucía Baeza)

Impresión

ErasOnze Artes Gráficas

ISBN: 978-84-8003-728-0 (2ª edición)

DL: M-34490-2017

Impreso en España